本书系教育部社科司关于2022年度高校思想政治理论课教师研究专项一般项目
"习近平总书记关于思政课教师队伍建设的重要论述研究"（22JDSZK005)的阶段性成果

于玲玲 ◎ 著

新时代思想政治教育教师队伍建设研究

知识产权出版社
全国百佳图书出版单位
—北京—

图书在版编目（CIP）数据

新时代思想政治教育教师队伍建设研究/于玲玲著. —北京：知识产权出版社，2024.8. —ISBN 978-7-5130-9444-3

Ⅰ.G641；G645.12

中国国家版本馆 CIP 数据核字第 2024130HN2 号

责任编辑：贺小霞　　　　　　　责任校对：王　岩
封面设计：邵建文　　　　　　　责任印制：孙婷婷

新时代思想政治教育教师队伍建设研究

于玲玲　著

出版发行	知识产权出版社有限责任公司	网　　址	http://www.ipph.cn
社　　址	北京市海淀区气象路50号院	邮　　编	100081
责编电话	010-82000860转8129	责编邮箱	2006HeXiaoXia@sina.com
发行电话	010-82000860转8101/8102	发行传真	010-82000893/82005070/82000270
印　　刷	北京建宏印刷有限公司	经　　销	新华书店、各大网上书店及相关专业书店
开　　本	787mm×1092mm　1/16	印　　张	12.25
版　　次	2024年8月第1版	印　　次	2024年8月第1次印刷
字　　数	150千字	定　　价	78.00元
ISBN 978-7-5130-9444-3			

出版权专有　侵权必究

如有印装质量问题，本社负责调换。

目 录

前 言 …………………………………………………… 1

  第一节 时局与教育 ………………………………… 1

  第二节 思想政治教育与教师 ……………………… 2

  第三节 思想政治教育教师队伍建设是新时代思想政治

         教育学的前沿问题之一 ……………………… 4

第一章 教师与思想政治教育教师 ……………………… 8

  第一节 教 师 ………………………………………… 9

    一、教师的内涵 …………………………………… 9

    二、教师的特征 …………………………………… 10

    三、教师的意义 …………………………………… 14

  第二节 思想政治教育教师 ………………………… 19

    一、思想政治教育教师的概念 …………………… 19

    二、思想政治教育教师的角色定位 ……………… 20

    三、思想政治教育教师的价值意蕴 ……………… 22

第二章　指导思想和知识借鉴 ……………………………… 28

第一节　指导思想 …………………………………………… 28
一、中华民族传统教师文化 ……………………………… 29
二、马克思主义经典作家关于教育者的思想 …………… 31
三、中国共产党人关于教育者的思想 …………………… 33

第二节　知识借鉴 …………………………………………… 57
一、尊师重教观 …………………………………………… 58
二、教师素质观 …………………………………………… 59
三、教师学生观 …………………………………………… 65
四、教师教学观 …………………………………………… 66

第三章　思想政治教育教师的素质和职责 …………………… 72

第一节　思想政治教育教师的素质 ………………………… 73
一、坚定理想信念与良好道德情操相结合 ……………… 79
二、专业理论与相关知识相结合 ………………………… 83
三、丰富的教学内容与灵活的教学方法相结合 ………… 86
四、扎实的科研与良好的教学相结合 …………………… 89

第二节　思想政治教育教师的职责 ………………………… 91
一、立德树人 ……………………………………………… 93
二、价值引领 ……………………………………………… 97
三、理论教育 ……………………………………………… 99
四、组织管理 ……………………………………………… 102

第三节　思想政治教育教师的素质创新与职责优化 ……… 106
一、思想政治教育教师素质与职责的关系 ……………… 107

二、思想政治教育教师素质创新与职责优化 …………… 111

第四章　思想政治教育教师的地位与作用 …………… 128

第一节　思想政治教育教师的地位 …………… 128
一、发动者 ………………………………………… 130
二、组织者 ………………………………………… 131
三、实施者 ………………………………………… 133

第二节　思想政治教育教师的作用 …………… 134
一、组织实施教育活动 …………………………… 134
二、引领传导思想理论 …………………………… 135
三、直面解答思想困惑 …………………………… 135
四、培育提升德行品质 …………………………… 136

第三节　思想政治教育教师地位和作用的实现 …………… 137
一、思想政治教育教师地位和作用的实现环境 …………… 138
二、思想政治教育教师地位和作用的实现环节 …………… 139
三、思想政治教育教师地位和作用的实现途径 …………… 145

第五章　思想政治教育教师的评价与管理 …………… 155

第一节　思想政治教育教师的评价 …………… 155
一、思想政治教育教师评价的内涵 …………………… 155
二、思想政治教育教师评价的标准 …………………… 158
三、思想政治教育教师评价的方式 …………………… 159

第二节　思想政治教育教师的管理 …………… 163
一、思想政治教育教师管理的内涵 …………………… 163
二、思想政治教育教师管理的内容 …………………… 164

三、思想政治教育教师管理的方式 …………………… 166

第三节　思想政治教育教师评价和管理的创新 …………… 168

一、思想政治教育教师评价和管理的创新环境 …………… 168

二、思想政治教育教师评价和管理的创新条件 …………… 169

三、思想政治教育教师评价和管理的创新路径 …………… 171

结语：做新时代优秀的思想政治教育教师 …………………… 173

参考文献 ……………………………………………………… 178

前 言

第一节 时局与教育

"教育是开启新世界之门的钥匙。"[1] 教育是人类亘古永恒的话题，也是人类常讲常新的话题。说永恒，是因为教育具有恒定不变的内涵；说常新，是因为教育随时代而变。恒定性和时代性的融合，构成了人类教育每一时代的总体特征。当前，人类已进入互联互通的"命运共同体"时代，世界经历深度变革，以互联网、大数据、云计算等为代表的现代科学技术正深刻改变着人类的思维方式和行为方式，机遇与挑战共存、合作与竞争共在，人类面临百年未有之大变局。于国内，我国已全面开启建设社会主义现代化强国的新征程，向着第二个百年奋斗目标奋力迈进。世界发展大势和国家发展全局对教育来说是新机遇和新挑战并存。在这特有的时局下，我们的教育将何去何从？教育要面临哪些困境和难题？需要做怎样的改

---

[1] 罗素. 罗素论教育 [M]. 杨汉麟，译. 北京：人民教育出版社，2009：53.

革创新？我国近代教育家陶行知先生指出："教育的目的在于解决问题。所以不能解决问题的，不是真教育……教育是什么？教育就是力的表现，力的变化……"❶ 因此，我们的教育需要以时代需求为目标，以现实问题为导向，解决中国社会运行中的发展瓶颈、改革难题，反映中国社会发展的未来趋势。

教育的发展，归根结底是实现人的发展。人的全面发展、人才的不断涌现是实现时代进步、社会发展的核心力量。16世纪捷克民主主义教育家夸美纽斯指出："教育确乎人人需要，我们想想各种不同程度的能力，就可以明白这一点。愚蠢的人需要受教导，好使他们摆脱本性中的愚蠢，这是无人怀疑的。其实聪明的人更需要受教育，因为一个活泼的心理如果不去从事有用的事情，它便会去从事无用的、希奇的、有害的事情；正如田地愈肥沃，蒺藜便愈茂盛一样，对一个绝顶聪明的人如果不去撒下智慧与德行的种子，它便会充满幻异的观念……"❷ 因此，对每个人来说，教育是必需的。正所谓"同心同德，必养成于教育"❸。教育无疑是人的发展以及由人所推动的时代进步的过程中必不可少的中介和桥梁。

第二节 思想政治教育与教师

马克思、恩格斯指出："思想本身根本不能实现什么东西。思想要得到实现，就要有使用实践力量的人。"❹ 人是思想政治教育的前

---

❶ 董宝良. 陶行知教育论著选 [M]. 北京：人民教育出版社，2015：357.
❷ 夸美纽斯. 大教学论 [M]. 傅任敢，译. 北京：教育科学出版社，1999：27.
❸ 董宝良. 陶行知教育论著选 [M]. 北京：人民教育出版社，2015：5.
❹ 马克思恩格斯文集：第1卷 [M]. 北京：人民出版社，2009：320.

提和核心要素。在思想政治教育中，教育者❶和受教者是思想政治教育的一对重要范畴，思想政治教育的实现是教育者与受教者双向互动的结果。教育者是思想政治教育的主导要素，在思想政治教育活动中承担着主导者、实施者和组织者的角色，直接关系着思想政治教育活动的有效与否。当然，从认识活动的角度看，教育者和受教者都是认识的主体，教育者也要先受教育，把马克思主义理论、中国共产党的理论与实践创新成果、社会规范要求、时政热点等内化于心，才能在思想政治教育过程中生动形象地传授给受教者。

为什么说在思想政治教育中，教育者和受教者是双向互动呢？首先，教育者发挥主导性因素，安排好教学内容、选取适当教学方法、组织好课堂教学、做好全面教学评价与反馈等，对受教者传授全面系统的思想政治教育理论。其次，叶圣陶先生讲，教是为了不教。思想政治教育也必然是教育和自我教育的统一体。在思想政治教育过程中，实现受教者由客体变主体、由被动变主动、由要我学变我想学，才是完成思想政治教育过程、达到思想政治教育目的的关键所在。因此，教育者和受教者要双向互动、教学相长，反对主客二分，淡化教育者与受教者的严格界限，做到互为主客体，互为学习的对象，建立起相互平等、彼此尊重的师生关系，如此才能增强思想政治教育的实效性以及受教者的价值感和获得感。

当前，人类正处于互联互通的时代，以互联网、大数据、云计算等为代表的现代科学技术正深刻改变着人类的思想和行为方式，处于思想政治教育中的教育者和受教者都面临着新变化、新特征和新要求。那么，作为教育者，在这一新形势下，如何做好社会主流

---

❶ "教育者"与"教师"两个词在全书中共用，概念相同。

意识形态传播的思想政治教育相当关键。信息是互通的、快速的、便捷的，受教者在一定程度上可能比教育者掌握的信息还要多、还要快。这就要求教育者具备新思维、新视野、新素养，既全面提升自身综合素质，学会运用新技术辅助科研和教学，充分组织好课堂教学，充分了解新时代背景下受教者的新思想、新特点、新需求，有的放矢地做好思想政治教育，增强受教者在理论认知、情感需求、行为习惯层面的获得感，做好立德树人工作，引导受教者树立"大我"意识，自觉将人生理想价值的实现同国家富强、民族振兴、人民幸福紧密联系。

第三节　思想政治教育教师队伍建设是新时代思想政治教育学的前沿问题之一

时代在发展，学科也在进步，每一个学科都有自己的前沿问题，在不断产生着能够反映不同时代背景下的前沿问题。学科的前沿问题是该学科在不同时代背景下产生的关系着学科理论发展、人才培养、教育进步的重要理论和现实问题。

思想政治教育前沿是指学科理论研究和实践发展中出现的最新颖、最先进的领域，具有发展的前瞻性、趋向性或具有争议性、紧迫性、复杂性等属性，影响思想政治教育理论创新和实践发展的重大问题。[1] 只有开展学科前沿课题的研究，才能推动学科理论的创新发展、学科理论体系的不断完善，建构起思想政治教育自主学科体

---

[1] 张耀灿. 思想政治教育学科建设研究［M］. 北京：中国人民大学出版社，2017：131.

系，增强思想政治教育的实效性，推动思想政治教育理论和实践不断守正创新。

当前，在思想政治教育领域中，国内学界关于思想政治教育学科的前沿问题积累了一些有深度思考且有重要价值的前沿话题。如：2008年12月，王学俭在《现代思想政治教育前沿问题研究》中从规范理论前沿问题层面集中研究了现代思想政治教育的实践论、需要论、人学论、价值论和沟通机制等重大理论问题，从应用前沿问题层面集中研究了马克思主义正义观教育、中国传统文化与现代思想政治教育关系问题、现代思想政治教育在和谐社会建设中的有效性问题、中国特色社会主义理论教育发展问题等。❶ 2013年2月，孙其昂在《思想政治教育学前沿研究》中立足社会现代化，广泛吸收思想政治教育科研成果，借鉴其他学科成果，系统而深入地探讨了思想政治教育学科的重大理论问题和前沿问题。其中，第一至五章探讨思想政治教育学的基本问题，包括思想政治教育概念、思想政治教育实践、思想政治教育学、思想政治教育学科、思想政治教育环境等；第六至第十一章探讨思想政治教育理论与实践前沿问题，深入阐述了思想政治教育人、思想政治教育本质、思想政治教育基本精神、思想政治教育现代性、思想政治教育现代转型和思想政治教育系统论等。❷ 2017年5月，张耀灿在《思想政治教育学科建设研究》中指出，为更好地把握学科理论研究的范围和边界，要合理地开展跨学科研究，以捕捉前沿课题，开展学科的前沿问题创新研究。如思想政治教育分支学科主要有：思想政治教育哲学、思想政治教育经济学、思想政治教育社会学、思想政治教育心理学、思想

---

❶ 王学俭. 现代思想政治教育前沿问题研究［M］. 北京：人民出版社，2008.
❷ 孙其昂. 思想政治教育学前沿研究［M］. 北京：人民出版社，2013.

政治教育文化学、思想政治教育伦理学、思想政治教育美学、思想政治教育人学。❶ 2022年5月，冯刚在《思想政治教育学学科发展新论域》中指出，关注思想政治教育学科发展，准确把握时代脉搏，积极探索理论联系实践的新结合点，从思想政治教育文化学、传播学、社会学、治理学、文本学、叙事学、阐释学、生态学、评估学九个方面系统呈现了当前思想政治教育学学科深化研究的新论域和关注点，是新时代思想政治教育学学术研究的前沿成果，为进一步推动思想政治教育理论与实践创新发展提供了重要参考。❷ 上述学者立足时代背景和发展特征，从学科自身基本原理和交叉学科的角度，探究了思想政治教育学在理论层面和实践层面的重要生长点，对思想政治教育学基本原理的发展、思想政治教育学学科体系完善、思想政治教育学研究领域的拓展具有重大的意义和价值，对思想政治教育专业学生与思想政治教育研究者和工作者在专业学习、学术研究和日常管理中具有重要的启发和参考价值。

与此同时，需要指出的是，随着世界格局的深入变革，我们国内经济社会发展变化所带来的教育革新和问题，如思政课教学效果欠佳，大中小学思政课一体化问题，思想政治教育协同问题，教师的选配和培养工作存在的短板、队伍结构不充分不平衡、政治立场是否坚定、教书育人能力是否合格、师德等一系列困境和难题，迫使我们不得不思考和关注教育者这一"有使用实践力量的人"的因素在思想政治教育中作用和功能发挥的重要性和紧迫感。中国共产党从世界百年变局、党和国家事业发展的战略全局、从坚持和发展中国特色社会主义、建设社会主义现代化强国、实现中华民族伟大

---

❶ 张耀灿. 思想政治教育学科建设研究［M］. 北京：中国人民大学出版社，2017：134.
❷ 冯刚. 思想政治教育学学科发展新论域［M］. 广州：中山大学出版社，2022.

复兴的战略高度，关心重视教育者这一教育主体因素的历史意义和当代价值。习近平总书记不止一次地强调指出，办好思政课，关键在教师。他一语道破解决当前思想政治教育主阵地、主战场的思政课所有问题的核心，且对思政课教师的核心素养做了专门且深入的诠释。与此同时，中共中央、国务院办公厅、教育部等部门在习近平总书记关于思政课教师队伍建设重要论述的指导下相继出台和颁布了一系列关于加强思政课教师队伍建设的重要文件。基于此，为进一步发展思想政治教育学基本原理，丰富思想政治教育学理论体系，拓展思想政治教育学前沿问题，加强思想政治教育的实效性，笔者尝试以思想政治教育教师为研究对象，关注教师这一思想政治教育的主导性因素，挖掘新时代思想政治教育教师的内涵、特征、意义、素质和职责、地位与作用、评价与管理等，以推动新时代学校思政课改革创新、丰富思想政治教育教师论乃至思想政治教育学科实现高质量发展。

第一章　教师与思想政治教育教师

《学记》曰:"玉不琢,不成器;人不学,不知道。是故古之王者,建国君民,教学为先。"(《学记》)。尊师重教是中华民族的传统美德。习近平总书记也强调,建设世界一流的中国特色社会主义大学,培养社会主义建设者和接班人,必须有世界一流的大师。❶ 教师,无论在古代,还是在现代,都是民族发展、教育革新、人才培养的重要支柱。美国作家帕克·帕尔默曾写道:"我们迫不及待地要进行教育改革,却忘掉了一条朴实的真理:如果我们继续让堪当教育改革支柱即称之为'教师'的人力资源失去自尊,丢掉自信,仅仅凭着增加教育拨款、调整学校结构、修订教学大纲、重编教材课本,实现改革教育的目标就遥遥无期。"❷ 好的教育,来自教师的自我认同和自我完善。作为教师,应当紧跟时代步伐,努力拓展教与学的能力,努力提升自身的素质和创新能力,以免在适应日新月异的社会变化中,陷入不知所措或无能为力的困境和冲突之中。

---

❶ 习近平总书记在中国人民大学考察时强调:坚持党的领导传承红色基因扎根中国大地　走出一条建设中国特色世界一流大学新路[EB/OL].(2022-04-20)[2024-04-28].中国共青团网.https://qnzz.youth.cn/zhuanti/shzyll/fzyjs/202205/t20220517_13699794.htm.

❷ 帕克·帕尔默.教学勇气:漫步教师心灵(20周年纪念版)[M].方彤,译.上海:华东师范大学出版社,2019:32.

第一节 教　　师

一、教师的内涵

教师的起源和发展具有悠久的历史渊源。大致上，可以分为三个主要的历史时期。一是作为生活指导者的教师。这一时期是父母、酋长担当教师的职责。在原始社会时期，人类为了繁衍后代、满足生产和生活的需求，引申出教育子女的重要性。在最初的母系氏族时代，母亲充当了教师的职责；进入农业文明的父系氏族时代，父亲充当了教师的角色。而随着社会生产力的进步，部族生活日益发达，酋长为了生活和生产经验的传递和发展，把日常生活技能、氏族文化习惯、生产方式、氏族道德等传授给年青一代，因此，在这一阶段，当作生活指导者的教师，便是父母和酋长。二是作为贤人的学者型教师。随着社会文明的不断进步，社会中的一部分由于知识和技能的优秀，成为学者和品德高尚的人。也由于社会进步、社会分工的复杂，父母也将儿女的教育委托给专门的人员。因此，就有了历史上的家庭型教师或者私塾教师。如西方古希腊时期的苏格拉底、柏拉图、亚里士多德，我们的圣人孔子、孟子等。三是作为职业的官吏的教师。这一时期，社会团体和国家组织日益发达，教育被视为培育人才、巩固统治、维护国家安全利益的公共事业。由此，教育有了特定的场所、专门的人以及其他一切配套资金、设备和机会等，教育成为专门的、公共的、社会的事业。由此，产生了韩愈口中作为"传道、授业、解惑"的专门教师队伍。

教师是立教之本、兴教之源。何为教师？何为教？何为师？《中庸》讲："天命之谓性，率性之谓道，修道之谓教。"（《中庸》）。"教也者，长善而救其失者也。"（《学记》）。德国著名教育家凯兴斯泰纳认为教育者最一般的概念是："当他有意或无意地本着提高人们精神境界的思想而对其同代人的精神生活施加影响的人。"[1] 因此，"教"是指一种传授真理、使人向善的付出。"温故而知新，可以为师矣。"（《论语》）。"君子知至学之难易，而知其美恶，然后能博喻；能博喻，然后能为师；能为师，然后能为长；能为长，然后能为君。故师也者所以学为君也。"（《学记》）。因此，"师"是指无论年长年幼，但闻道在先、知识渊博的人。综上所述，我们可以这样界定：教师是教育活动的主导因素，具有较高修养，不断更新知识、传道施教的社会群体，履行教书育人的专业人员，承担着培养民族人才、传承民族文化、提高民族素质的重要使命。

二、教师的特征

关于教育者的特征，在古今中外的教育思想发展史上，仁者见仁、智者见智，有着诸多闪耀着思想光辉的真知灼见。凯兴斯泰纳指出："教育者的生活形式最有特色的定义包括四点，其中的每一点都必须引起重视和关注。第一点：对塑造具有个性的人的纯真的爱，这种爱超越其他的各种爱，将使教育者在实施这种爱的过程中得到最大的满足。第二点：成功地实践这种爱的能力，即按照受教育者

---

[1] 凯兴斯泰纳教育论著选 [M]. 郑惠卿, 译. 北京：人民教育出版社, 2004：119.

可塑性的限度，真正塑造出具有不同特征的灵魂的能力。第三点：不偏不倚地面对未来人的非己莫属的特点，即首先要面对正处于萌芽状态的个人，或者通常所说的面对未来价值承载者的未成年的灵魂。第四点：对受教育者的个性发展施加影响的永恒绝对性，即根据受教育者的特点，辅佐他成为有先天萌芽的价值承载者的意志。"❶ 这些深刻揭示了教育者"关爱学生""因材施教""价值观的教育和引导""关注受教者的个性发展"等特征。此外，英国哲学家怀特海也曾指出："最理想的教育取决于几个不可或缺的因素，即教师的天赋、学生的智力类型、他们对生活的期望、学校外部（邻近环境）所赋予的机会，以及其他相关的因素。"❷ 其中，将"教师的天赋"作为实现最理想教育的首要因素。我们说，教师之所以成为教师，其自身具有一定的特质，也就是在日常教育教学过程中通过职业培养形塑出来的某种职业特征。正如我国现代教育家于漪指出："教师双肩挑着千钧，责任重大，一肩挑着学生的现在，一肩挑着祖国的未来，因此，努力提高自己的精神境界和学识修养，是教师职责的首要任务。"❸ 归纳起来，教师应当具备下列几点特征。

1. 身正为师

教师在教育实践活动中担当重要角色，以言立教不如以身立教，用深厚学识、高尚人格影响和感召学生的心灵世界。《论语·子路》记载："其身正，不令而行，其身不正，虽令不从""不能正其身，如正人何？"（《论语·子路》）。即是说，教师从相当意义上是学生的榜样和标准，教师自身不正，又如何去教育学生、让学生尊重和遵从

---

❶ 凯兴斯泰纳教育论著选［M］. 郑惠卿，译. 北京：人民教育出版社，2003：139.
❷ 怀特海. 教育的目的［M］. 庄莲平，王立中，译. 上海：文汇出版社，2012：7.
❸ 于漪. 教育魅力：青年教师成长钥匙［M］. 上海：华东师范大学出版社，2013：11.

自己呢？教师要做好学生的表率。汉代扬雄指出："师者，人之模范也。"（《法言·学行》）。教师的一言一行对学生起着潜移默化的作用，因而教师要严格要求自我，正人先正己，为学生做表率。美国著名教育家杜威也指出："教育者的责任……仔细地分起来，有三个要素：（一）对于知识应负的责任；（二）对于学生应负的责任；（三）对于社会应负的责任。"❶ 总之，教师承担着社会服务、文化传承、人才培养的重要使命，应在知识和素养上做好学生的表率。

2. 学而不厌，诲人不倦

陶行知先生指出，"我们深信师生共生活，共甘苦，为最好的教育。我们深信教师应当以身作则。我们深信教师必须学而不厌，才能诲人不倦。我们深信教师应当运用困难，以发展思想及奋斗精神。"❷ "学而不厌，诲人不倦"充分彰显出教师的敬业精神。一位追求进步的教师，一定是越教越要学，越学越快乐，自动求学、自动进修、自动追求进步的。"学而不厌"指的是教师不仅是一位善教者，也是一位善学者。时代在发展、知识在更新、技术在进步，在相当程度上要求教师也要因势而动、因时而进、因事而化，活到老、学到老，不断积累，充实提高，才能有更多更新的知识技能传授给学生。正如杜威所指出："教育行政人员，对于教育前途有很大的责任，不可囿于例行公事，当继续研究教育原理、世界教育新趋势等，有明确的思想，传染四方、速率甚大，不久人人都受其影响了。"❸ 与此同时，"诲人不倦"也充分显示出教师高度爱岗敬业的优秀品格。孔子说："爱之，能勿劳乎？忠焉，能勿诲乎？"（《论语·宪问》）。韩愈也在《进学解》中记载："先生口不绝吟于六艺之文，

---

❶ 单中惠，王凤玉. 杜威在华教育讲演 [M]. 北京：教育科学出版社，2007：430.
❷ 董宝良. 陶行知教育论著选 [M]. 北京：人民教育出版社，2015：178.
❸ 单中惠，王凤玉. 杜威在华教育讲演 [M]. 北京：教育科学出版社，2007：423.

手不停披于百家之编……焚膏油以继晷,恒兀兀以穷年。先生之业,可谓勤矣。"这就是说,教师应孜孜不倦地研究、夜以继日地用功,敬业乐教,对教育事业、对学生充满热爱和坚持。

3. 不隐其学

孔子讲:"二三子以我为隐乎?吾无隐乎尔。吾无行而不与二三子者,是丘也。"(《论语·述而》)。在孔子看来,教师应不隐其学,坚持将其所积累的学识、技能毫无保留地传授给学生,而且对学生一视同仁。作为教师,应当"至诚淳悉,内外殚尽""己有之,使人亦知之",倾其所有,使人受益。教师也只有做到不隐其学,才能"青,取之于蓝,而青于蓝"(《荀子·劝学》)。可以说,教师是学生的引路人,只有不断丰富自身的才学,且愿倾囊相授,才能培养出高水平高素质的学生。

4. 教学相长

何为"教学相长"?《学记》有曰:"虽有嘉肴,弗食,不知其旨也;虽有至道,弗学,不知其善也。是故学然后知不足,教然后知困。知不足,然后能自反也;知困,然后能自强也。故曰:教学相长也。"(《学记》)。教与学相互统一在整个教学过程中,这也是合乎教学规律的。两者只有在相互联系中共同发挥作用,整个教学过程才能达到所期望的效果。"如果教师积极地教,学生却不参与掌握知识和技能的过程,那就不可能指望有什么成果。另外,众所周知,学习一旦得到教师直接或间接的良好指导,就会更加有效。由此规律而产生在教师指导作用下,学生在教学中的自觉性、积极性和独立性的教学原则。"[1] 所以,"弟子不必不如师,师不必贤于弟

---

[1] 巴班斯基. 教学教育过程最优化 [M]. 吴文侃, 译. 北京: 教育科学出版社, 2001: 4.

子",教育活动本就是教育者与受教者彼此成就、教学相长的事情。正所谓"闻道有先后,术业有专攻",师父不一定事事都比学生高明,弟子也不一定不如师父,每个人都有不同的长处和知识储备,教育的魅力就在于教师的不耻下问与学生的虚心求教相结合,教师与学生形成良好的亦师亦友关系,相互欣赏、相互学习,方可共同进步。

5. 创新精神

我国现代教育家于漪指出:"如果教师没有创新精神,就难以造就具有创新精神的新一代……谁要是自己还没有发展、培养、教育好,他就不能发展、培养、教育别人。一个墨守成规的教师对于学生创造性的发展无疑是一种近乎灾难的障碍。"❶ 创造性是新时代教师必备的一种基本素质。正如陶行知先生指出:"今日教育家,必定要敢探未发明的新理、敢入未开化的边疆,方可算为第一流的人物。"❷ 其主要体现在以下几方面:一是对不同的学生能够因材施教、区别对待;二是在教学内容、教学方法、教学手段、学术研究上不墨守成规、与时俱进、精益求精;三是教师要善于运用自己的创造、想象和激情,来引导和鼓励学生的学习愿望和兴趣,促进学生的全面发展,正所谓:"只有用创造的态度去对待工作的人,才能在完整意义上懂得工作的意义和享受工作的欢乐。"❸

三、教师的意义

于漪指出:"每一代教师都会面对一个时代对教师使命的新要

---

❶ 于漪. 教育魅力:青年教师成长钥匙 [M]. 上海:华东师范大学出版社,2013:14.
❷ 董宝良. 陶行知教育论著选 [M]. 北京:人民教育出版社,2015:46.
❸ 于漪. 教育魅力:青年教师成长钥匙 [M]. 上海:华东师范大学出版社,2013:15.

求,但教师使命也有一些不变的内容,那就是教师的事业始终是对人的一生负责任的事业。"❶ 作为传道授业解惑的社会角色,教师不是独善其身的,而是有其独特的文化价值和社会价值。归纳起来,教师主要在人才培育、文化传承、社会服务等方面发挥着重要作用。

1. 人才培育

古之学者必有师。自古以来,人才的成长无一例外地离不开教师的教诲。如《学记》记载:"君子如欲化民成俗,其必由学乎!"(《学记》)。建国君民、化民成俗,必须通过学习、经过教师的点拨教诲。汉代王充也指出:"所谓圣者,须学以圣。"(《论衡·实知》)。古往今来学者的学识、能力有大小,但极少能够无师自通,都是主动学习与教师引导相结合的结果。

教师是学生的引路人。凯兴斯泰纳指出:"正像每一个价值创造者热爱自己的、完善其灵魂的精神产品一样,教育者热爱的是他的学生。"❷ 人才培育是教师首要的责任。"教育者必须具备感情移入他人心灵之中的能力,而且这种感情移入又必须进入教育对象届时的自我境地的心灵深处"❸。我们说,教育事业的对象是一个个活泼的人,所以教师要做一种改造人心的事业,引领学生向着更善更美更适宜更光明的路上走,培养他们活泼的态度和奋斗的勇气,使其能够通过自身的努力改造社会。

教师促成学生良好道德品性的养成。荀子从性恶论的观点指出:"今之人性恶,必待师法然后正。"(《荀子·性恶》)。人性的善恶可以通过教师来改变,教师在人的品德素质培养上起着重要的引导教

---

❶ 于漪. 教育魅力:青年教师成长钥匙 [M]. 上海:华东师范大学出版社,2013:1.
❷ 凯兴斯泰纳教育论著选 [M]. 郑惠卿,译. 北京:人民教育出版社,2003:134.
❸ 凯兴斯泰纳教育论著选 [M]. 郑惠卿,译. 北京:人民教育出版社,2003:154.

海作用。"故有师法者，人之大宝也；无师法者，人之大殃也。"（《荀子·儒效》）。汉代思想家扬雄认为："师哉，师哉，桐子之命也。"（《法言·学行》）。教师与儿童人格的形成密切相关，在某种意义上决定着儿童一生的命运。汉代王充指出："学士简练于学，成熟于师，身之有益，犹谷成饭，食之生肌腴。"（《论衡·量知》）。人应当勤于学习，并在老师的指导下获取进步，向老师学习对身心有益的知识，就像将稻谷做成米饭，吃了会使人长胖一样。正所谓"善教者，使人继其志"（《学记》）。善于教学的人，才能使人继承他的志向而努力不懈。

  发展至今，教师始终是学生个体成长和全面发展的领路人。作为知识和价值的承载者，教师在师生互动的关系中，通过"移入他人心灵之中的能力"[1] 和"得到教育对象的爱与尊重"[2] 进行精神财富的生动的、不断地在过程中活起来的深度交流，使每一位学生的力量和潜在可能性发挥出来，有其"完满的智力的、道德的、情绪的、审美的发展"[3]。此外，教师也要注重因势利导地培养受教者的个性品质。正如俄国著名的教育家乌申斯基所指出："假如这样的学校中的教养员能够做到把儿童生活的这些非正规的、隐蔽的小路都堵死的话，那么我们倒是会对这些学生产生怜悯的感情。请想象一下这样的孩子——他老老实实度过自己的一天中的全部时间，丝毫没有越出预先安排好的刻板仪式的范围：在指定的时刻起身，然后一会儿出发去那里，一会儿又规规矩矩地来到这里，最后按照铃声去睡觉，总之，他的整个童年生活都是规规矩矩地按照命令度过的。应当承认，在这

---

[1] 凯兴斯泰纳教育论著选 [M]. 郑惠卿，译. 北京：人民教育出版社，2003：154.
[2] 凯兴斯泰纳教育论著选 [M]. 郑惠卿，译. 北京：人民教育出版社，2003：166.
[3] В. А. 苏霍姆林斯基. 给教师的建议 [M]. 杜殿坤，译. 北京：教育科学出版社，1984：23.

样的生活中长大的孩子，不会有多大的出息。"❶ 基于此，教师应当保护受教者的个性现实和需求，尽自己所能帮助和引导受教者个性的充分发挥，满足乃至引导培养他们的发展诉求。

2. 文化传承

苏联政治家米哈伊尔·伊万诺维奇·加里宁指出："教师是过去和未来之间的活的环节，是克服人类无知和恶习的重要的社会成员，是过去历史上所有崇高而伟大的历史人物跟新一代之间的中介人。"❷ 文化是民族的"根"和"魂"。人类社会的每一次进步，人类文明的每一次跃进，都伴随着文化的繁荣与创造。习近平总书记也指出："中华民族创造了源远流长的中华文化，也一定能够创造出中华文化新的辉煌。"❸ 没有文明的传承与发展，没有文化的创造与繁荣，就没有中华民族伟大复兴中国梦的实现。可以说，文化是一个民族生存发展，立于不败之地的重要推动力。

古往今来，教育是文化传播、传承与发扬的重要途径和方式，通过私塾和学校教育，知古鉴今，探寻古人的智慧，启发今人的发展。而作为教育的主导性因素——教师，通过理论教育、舆论宣传、文化熏陶、行为实践、制度保障等方式，弘扬民族优秀传统文化，培养具有科学文化知识和思想道德素质的公民，引导全体公民养成正确的世界观、人生观和价值观，推动全体公民树立文明观念、争当文明公民，营造全社会崇德向善的浓厚氛围。

---

❶ 郑文樾. 乌申斯基教育文选［M］. 张佩珍，冯天向，郑文樾，译. 北京：人民教育出版社，2004：151.

❷ 谢延龙. 西方教师教育思想：从苏格拉底到杜威［M］. 福州：福建教育出版社，2015：1.

❸ 中共中央宣传部. 习近平总书记系列重要讲话读本［M］. 北京：学习出版社，人民出版社，2016：186.

3. 社会服务

陶行知先生指出："教育为改造社会而设，为教育社会人才而设，故学校非寺院岩穴也，教员非孤僧隐士也。夫既为社会而设，若与社会不相往来，何以知社会之需要？"❶ 教育是为社会稳定和发展服务的，而"每一种真正的教育者天性都必须是社会的模式"❷。教师是社会劳动者，是社会教育部门的专职工作人员，是整个社会劳动职业中不可或缺的一部分。他们通过创造精神财富，服务社会生产力的再生产，是社会精神的生产者、传递者和表现者，培养现代社会所需要的各类人才，推动社会的不断发展。

当今社会是网络化、数据化、信息化、智能化的社会，科学技术迅猛发展，世界范围内的交流与合作、竞争与冲突日益频繁，人类处于一个"命运共同体"之中。作为当今社会的人，不具备夯实的专业基础知识、不掌握先进的现代信息技术，是难以立足社会的。教师的工作就是塑造具有专业知识和技能且对社会的某些方面有所贡献的人，以满足社会对各类人才的广泛需求。作为社会精神的创造者，教师应当站在时代前沿，具有国际视野和创新思维，掌握一定的现代信息技术，培养面向现代化、面向世界、面向未来的专业化复合型人才。具体地讲，教师通过教育和引导学生，促使学生身心健康发展，既培养学生在社会交往中的协同能力，也培养学生在社会交往中的竞争意识，既促进学生的个性发展，也培养学生的社会责任感，努力实现学生的全面发展和社会化。

---

❶ 董宝良. 陶行知教育论著选 [M]. 北京：人民教育出版社，2015：18.
❷ 凯兴斯泰纳教育论著选 [M]. 郑惠卿，译. 北京：人民教育出版社，2003：124.

第二节　思想政治教育教师

思想政治教育教师是思想政治教育活动中的基本要素之一。思想政治教育活动的开展状况和实际效果，在一定程度上取决于思想政治教育教师的素质及其职责的履行状况。提高思想政治教育教师的素质，培养更多新时代优秀的思想政治教育教师，是构建思想政治教育自主学科体系、推动思想政治教育守正创新的基础性、关键性工作。

一、思想政治教育教师的概念

教育者和受教者是思想政治教育基本要素的重要的组成部分。两者相对而言，无教师就无所谓学生，无学生也无所谓教师，两者相辅相成、彼此成就、教学相长。"唯有学生学有所得，才能说教师教有所成。"❶ 在思想政治教育中，教育者发挥着主导关键作用，是整个思想政治教育活动得以顺利开展和完成的引导者、组织者、参与者、反馈者、评价者等。正如沈壮海教授指出："思想政治教育者是思想政治教育活动的组织者、实施者和调控者，在思想政治教育活动中起着主导作用。"❷ 思想政治教育教师依据一定社会、阶级和政党等的政治观点、思想观念、道德要求，引导、组织受教者逐渐

---

❶ 帕克·帕尔默. 教学勇气：漫步教师心灵（20周年纪念版）[M]. 方彤，译. 上海：华东师范大学出版社，2019：37.
❷ 沈壮海. 新编思想政治教育学原理 [M]. 北京：中国人民大学出版社，2022：281.

形成与社会要求相趋同、相一致的思想道德素质,实现政治社会化,促进受教者与国家同呼吸、与人民共命运、与时代齐奋进。具体来说,思想政治教育教师进行马克思主义理论教育,实质上也是价值甄别和选择的过程。等同于价值澄清理论中所说的,价值要基于三个过程:自由慎重选择、珍视满意和重复行动。❶马克思主义理论教育,从实质上说就是马克思主义价值观选择、珍视和行动的过程。作为思想政治教育教师,应当向学生做好马克思主义这一价值观的对比选择、珍视和培养持久性动力的工作,在知、情、意、信、行上达成统一,将马克思主义理论内化于心、外化于行,真正变成自己日用而不觉的思想观念和行为规范。

二、思想政治教育教师的角色定位

作为思想政治教育主导者,思想政治教育教师可具体划分为思想政治教育组织者、思想政治教育实施者和思想政治教育调控者三个主要角色。

1. 思想政治教育的组织者

作为思想政治教育的组织者,教师要依据特定的教育目标和教育对象思想政治素质的现实状况,在遵循思想政治教育规律、教育对象思想政治品德发展规律的基础上,有计划、有组织、有目的地运用思想政治教育资源,对教育对象开展思想政治教育,使其思想政治素质发展同社会要求达到动态的统一。在这一组织过程中,教师要能够及时把握事物发展的态势,充分认识外部环境的变化,充

---

❶ 路易斯·拉思斯. 价值与教学 [M]. 谭松贤,译. 杭州:浙江教育出版社,2003:27.

分掌握教育对象在特定时代背景下所表现出来的新变化新特征新需求，审时度势地利用好机会、条件和环境，创造好教育时机。

2. 思想政治教育的实施者

"行动的真理必须在真理的行动中才能追求得到。"[1] 作为思想政治教育的实施者，教师要依据特定的教育目的和受教育者的实际思想道德状况，确定具体教育目标，制定教育规划，在特定的教育场合，运用特定的教育方式，如课堂教学、实践活动、组织管理、心理疏导、人文关怀等，实施教育活动，促使受教者在思想观念上发生向好转变，促进实现受教者的社会化。

3. 思想政治教育的调控者

作为思想政治教育的调控者，教师首先是对教育内容的调控。根据特定的教育目标和受教者的思想认知水平，分主题、分阶段地组织好教育内容，做到因时而变、因人而异。其次是对教育方法的调控。"工欲善其事，必先利其器"。（《论语·卫灵公》）。教师根据特定的教育对象和具体的教学内容，选取适合的教育方法，有针对性、实效性、可操作性地开展思想政治教育活动，促使思想政治教育活动顺利开展，提升思想政治教育的实效性。最后是对教育环境的调控。"居必择乡，游必就士"。（《荀子·劝学》）。环境作为思想政治教育的基本要素之一，对思想政治教育的实效性起着关键作用。教师要善于选择环境，开展教育活动，也要善于利用环境，创造教育时机，促使受教者置身特定的教育情境中，于润物细无声中实现思想升华、境界提升。

---

[1] 胡晓风. 陶行知教育文集 [M]. 成都：四川教育出版社，2007：396.

三、思想政治教育教师的价值意蕴

每一种职业都有在特定时代的任务和使命，教师亦不例外。思想政治教育教师具有传播马克思主义意识形态理论、致力于提升人的思想道德素质的职业使命。新时代背景下思想政治教育教师的价值意蕴主要体现在民族复兴、教育发展、文化传承、人才培养等方面。

1. 服务实现中华民族伟大复兴的中国梦

民族梦想是推动一个民族发展创新的精神源泉。2012年11月，习近平总书记在参观《复兴之路》展览时提出和阐述了中国梦："实现中华民族伟大复兴，就是中华民族近代以来最伟大的梦想。这个梦想，凝聚了几代中国人的夙愿，体现了中华民族和中国人民的整体利益，是每一个中华儿女的共同期盼。"❶ 2013年3月，习近平主席在十二届全国人民代表大会第一次会议闭幕会上的讲话时进一步指出："实现中华民族伟大复兴的中国梦，就是要实现国家富强、民族振兴、人民幸福。"❷ 中国梦，是中华民族近代以来诸多仁人志士为民族复兴、救国救民上下索求的梦想，寄托着中华儿女把国家、民族和个人作为一个命运共同体，把国家利益、民族利益和每个人的具体利益紧紧联系在一起的"家国天下"情怀。

"国家富强，民族振兴，人民幸福"的中国梦是马克思主义的唯

---

❶ 习近平在参观《复兴之路》展览时强调：承前启后　继往开来　继续朝着中华民族伟大复兴目标奋勇前进［EB/OL］. (2012-11-30)［2024-04-28］. 中国共产党新闻网. http://cpc.people.com.cn/shipin/big5/n/2012/1130/c243284-19755158.html.
❷ 习近平在十二届全国人大一次会议闭幕会上发表重要讲话［EB/OL］. (2013-03-17)［2024-04-28］. 央视网. http://news.cntv.cn/special/xijinpingjianghua/.

物论、民族论、人学论在中国大地上的充分展现。而作为致力于马克思主义意识形态教育和传播的思想政治教育教师，正是服务于宣传、教育、引导这一目标以及培养实现这一目标的社会主义合格建设者和接班人的中坚力量。在思想政治教育中，教师通过系统传授马克思主义理论，引导青年学生坚定中国特色社会主义发展方向、坚定"四个自信"、坚信社会主义核心价值观，引导学生为实现强国建设、民族复兴而团结奋斗。

2. 推动中国特色社会主义教育事业发展

兴国必先强师。2017年11月20日，十九届中央全面深化改革领导小组审议通过的《关于全面深化新时代教师队伍建设改革的意见》指出："教师承担着传播知识、传播思想、传播真理的历史使命，肩负着塑造灵魂、塑造生命、塑造人的时代重任，是教育发展的第一资源，是国家富强、民族振兴、人民幸福的重要基石。"❶ 而对于中国特色社会主义教育的发展创新，思想政治教育教师责无旁贷、重任在肩。

2019年2月，中共中央、国务院印发《中国教育现代化2035》，指出中国特色社会主义教育的指导思想是"全面贯彻党的教育方针，坚持马克思主义指导地位，坚持中国特色社会主义教育发展道路，坚持社会主义办学方向，立足基本国情，遵循教育规律，坚持改革创新，以凝聚人心、完善人格、开发人力、培育人才、造福人民为工作目标，培养德智体美劳全面发展的社会主义建设者和接班人，

---

❶ 全面深化新时代教师队伍建设改革的意见 [EB/OL]. (2017 - 11 - 20) [2024 - 04 - 28]. https：//baike. sogou. com/v167475310. htm? ch = frombaikevr&fromTitle.

加快推进教育现代化、建设教育强国、办好人民满意的教育"❶。其总体目标是:"经过15年努力,到2035年,总体实现教育现代化,迈入教育强国行列,推动我国成为学习大国、人力资源强国和人才强国。"❷贯彻这一指导思想,实现2035年教育目标,离不开一支高素质、专业化、创新型的教师队伍。而思想政治教育教师,以其特殊的身份和功能,在实现教育现代化的伟大征程中坚定马克思主义理论指导,坚守社会主义办学方向,坚持立德树人、德育为先。与此同时,也要求思想政治教育教师在素质、规模、结构、体系、评价、管理、社会地位等队伍建设方面进一步加强和提升。

3. 推动中华民族优秀文化弘扬传承

梁启超认为:"凡一国之能立于世界,必有其国民独具之特质,上自道德法律,下至风俗习惯、文学美术,皆有一种独立之精神,祖父传之,子孙继之,然后群乃结,国乃成。"❸ 在这里,"独立之精神"指的就是中华民族精神和文化。民族文化是一个民族生存和发展的灵魂,是其能够延绵日久、立于不败之地的核心力和原动力。

思想政治教育教师是中华民族优秀文化的发扬者和传承者。究其原因在于:思想政治教育教师除了系统讲授马克思主义基本理论,也讲授毛泽东思想和中国特色社会主义理论、中华民族传统美德以及中华民族传统文化典籍等,所涉及的教育内容都是中华民族优秀文化的重要组成部分。与此同时,正如习近平总书记所指出:"要教育引导学生多读读……当代中国马克思主义理论著作、中华优秀传

---

❶ 中国教育现代化 2035 [EB/OL]. (2019-02-23) [2024-04-28]. 新华网. http://www.xinhuanet.com/politics/2019-02/23/c_1124154392.htm.
❷ 中国教育现代化 2035 [EB/OL]. (2019-02-23) [2024-04-28]. 新华网. http://www.xinhuanet.com/politics/2019-02/23/c_1124154392.htm.
❸ 梁启超. 饮冰室合集:专集之四 [M]. 北京:中华书局,1989:6-7.

统文化典籍等。"❶ 思想政治教育教师在教育教学过程中，也应注重引导青年学生精读中华民族优秀文化的经典原著，且坚持历史与逻辑、理论与实践相结合的原则，把马克思主义基本原理同中华优秀传统文化紧密联系，发现、分析和解决中国社会现实问题，助力实现青年学生素质的全面发展。

4. 培育担当民族复兴大任的时代新人

习近平总书记指出，思想政治工作从根本上说是做人的工作，必须围绕学生、关照学生、服务学生，不断提高学生思想水平、政治觉悟、道德品质、文化素养，让学生成为德才兼备、全面发展的人才。❷ 在新时代背景下，思想政治教育的主要培养目标是担当民族复兴大任的时代新人。即在新时代背景下，培养立大志、明大德、成大才、担大任，能够承担中华民族伟大复兴中国梦历史使命的社会主义建设者和接班人。

立大志，就是要志向高远、牢记使命、追求卓越。作为学生的思想引路人，思想政治教育教师要积极引导学生树立崇高的理想信念，"取乎上者得乎其中"，志向高远，方能站得高走得远，使学生自觉自愿将个人青春梦想的实现同祖国发展、民族振兴、人民幸福紧密相连。

明大德，就是要砥砺品德、崇德修身、向善向好。"德者，本也"。良好的道德素质是学生自由全面发展的前提条件和重要基础。苏霍姆林斯基认为："教育者在关心人的每一个方面、特征的完美的

---

❶ 习近平. 思政课是落实立德树人根本任务的关键课程［N］. 人民日报，2020 - 9 - 1.

❷ 习近平. 把思想政治工作贯穿教育教学全过程 开创我国高等教育事业发展新局面［EB/OL］. （2016 - 12 - 09）［2024 - 04 - 28］. 中国共产党网. http：//cpc.people.com.cn/n1/2016/1209/c64094 - 28936173.html.

同时，任何时候也不要忽略人的所有的各个方面和特征的和谐，都是由某种主导的、首要的东西所决定的。在一个全面发展的、活生生的、有血有肉的人身上，体现出力量、能力、热情和需要的完满与和谐，教育者在这种和谐里看到这样一些方面，诸如道德的、思想的、公民的、智力的、创造的、劳动的、审美的、情绪的、身体的完善等。在这个和谐里起决定作用的、主导的成分是道德。"❶ 因此，思想政治教育教师要运用马克思主义基本原理，引导学生养成"为无产阶级的解放、全人类的幸福""实现中华民族伟大复兴的中国梦"以及"基本实现社会主义现代化"的不同层次的崇高道德追求，"大学之道，在明明德，在亲民，在止于至善"，将砥砺大德、追求真善美作为学生人生的目标追求。

成大才，就是要学习知识、练就本领、能担大任。苏霍姆林斯基指出："教学和教育的技巧和艺术就在于，要使每一个儿童的力量和可能性发挥出来，使他享受到脑力劳动中成功的乐趣。"❷ 思想政治教育教师要因材施教，充分尊重学生的身心发展特点和成长规律，充分了解学生的思想现实、心理状态和个性需求，在有限的时空中为学生量体裁衣，做专业性、个性化的交流与指导，做学生尊敬爱戴的思想政治教育教师。

担大任，就是要在立大志、明大德、成大才的基础上，牢记国家民族的历史使命，担当起国家和民族的时代重任。作为担当民族复兴大任的时代新人，就是要继承和发扬老一辈无产阶级革命家志

---

❶ B. A. 苏霍姆林斯基. 给教师的建议［M］. 杜殿坤，译. 北京：教育科学出版社，1984：367.
❷ B. A. 苏霍姆林斯基. 给教师的建议［M］. 杜殿坤，译. 北京：教育科学出版社，1984：2.

存高远、艰苦奋斗的革命精神，以时代为坐标，以使命为己任，以青春为动力，担当起建设社会主义现代化强国、实现中华民族伟大复兴的时代责任。

第二章　指导思想和知识借鉴

党的十八大以来，思想政治教育教师队伍建设取得了可喜的成绩，其建设与发展的基础主要源于中华民族传统的教师文化、马克思主义经典作家关于教育者的思想、中国共产党人关于教育者的思想及西方的教师理论等。其中，中华民族传统的教师文化为新时代思想政治教育教师队伍建设提供了源源不断的思想来源，马克思主义经典作家关于教育者的思想为新时代思想政治教育教师队伍建设提供了根本的科学指导思想，中国共产党人关于教育者的思想为新时代思想政治教育教师队伍提供了直接的思想来源，西方教师理论为新时代思想政治教育教师队伍建设提供了一定的经验成果和知识借鉴。

第一节　指导思想

关于新时代思想政治教育教师队伍建设的指导思想，主要从中华民族传统教师文化、马克思主义经典作家、中国共产党人关于教育者的思想三大方面揭示。具体分析如下。

一、中华民族传统教师文化

中国教育博大精深,教师思想源远流长。唐朝教育家韩愈说:"古之时,人之害多矣。有圣人者立,然后教之以相生相养之道,为之君,为之师。"(《原道》)。远古时期,部落氏族中有丰富经验且智慧能干的人,在生产活动中有意识地、有步骤地将生产知识、生产技能、风俗习惯、行为准则等传授给部落中的其他人,这便是远古时期教师的最初情形。随着生产力的发展,到了原始社会末期,逐渐出现学校萌芽,教师也由年长能干的人变成了萌芽状态学校中的施教者。如"庠者,养也。"(《孟子·滕文公上》)。学校正式产生在奴隶制国家中。"夏曰校,殷曰序,周曰庠,学则三代共之。"(《孟子·滕文公上》)。在奴隶制时期国家教育中,政治与教育尚未分化,表现出"官守学业""官师合一"的特点。如在西周便有官府教谕,天帝、周王和官府都肩负教师的角色,其发布的言论政令不乏礼仪教化的思想政治教育内容。如《周书·酒诰》曰:"文王诰教小子有正有事:无彝酒",《周书·洛诰》曰:"朕教汝于棐民彝",等等。到春秋战国时期,私学兴起,百家争鸣,各派学者如孔子、老子、墨子等招收徒弟、讲学辩论、著书立说等。该时期教师开始成为专业的教育工作者,凭借自己的知识技能,以教育为谋生之道,形成相对独立的"士"阶层。如孔子曰:"知之者不如好之者,好之者不如乐之者。"(《论语》)。将教育层次分为知之、好之、乐之三种境界。做到乐之,"从心所欲不逾矩",便是教育的最高境界了。此外,也有孔子的"因材施教""学而不厌,诲人不倦"等思想。自春秋战国时期至封建历代王朝,私学教师和官学教师并处共存。"随着朝代的兴替及政府的重视程度不同,官学时兴时废,官学教师因之沉浮不定。"❶ 而私学教师满腹经纶、随处安身立命、教育弟子、传承文化,两者共同肩负着教育学生,培养人才的重任。在秦朝有"十里有亭,亭里有长,十亭有乡,乡有三老"❷ 的制度,其中的"三老"是指"年五十以上有修行能率众为善者"❸,是用以长教化的。汉代汉武帝时期"兴太学,置明师",在汉代,太学、郡国学校是汉代的主要官学。太学教官,主要是博士。博士任用的方式多种,如有"征召""荐举""选试""科进""官迁"。❹ 如在《汉书·贾谊传》中记载"文帝召以为博士"❺。唐代官学发达,除四门学、国子学、太学外,还有如书学、律学、算学、医学等各种专门学校,教师种类之多可想而知。宋朝三次兴学,发展学校教育事业,整顿教师队伍。宋代王安石将陶冶之道分为教之、养之、取之、任之四种。"苟不可以为天下国家之用,则不教也;苟可以为天下国家之用者,则无不在于学。"王安石认为,要想救国,必须要有人才;而人才之能得与否,惟在重视陶冶之道,特凸显出他的教育救国主义。❻ 元代实行汉化政策,各级政府设立学校聘任教师。明代大建学校,"府设教授,州设学正,县设教谕"❼,不同行政级别设立不同的学校并配备一定数量的教师。清代沿袭明制,教师在"讲肄之所,曰:率性、修道、诚心、正义、崇志、广业"❽ 六个斋所

---

❶ 陈永明. 现代教师论 [M]. 上海:上海教育出版社,1999:3.
❷ 陈东原. 中国教育史:上册 [M]. 福州:福建教育出版社,2009:112.
❸ 陈东原. 中国教育史:上册 [M]. 福州:福建教育出版社,2009:112.
❹ 陈东原. 中国教育史:上册 [M]. 福州:福建教育出版社,2009:169.
❺ 陈东原. 中国教育史:上册 [M]. 福州:福建教育出版社,2009:169.
❻ 陈东原. 中国教育史:上册 [M]. 福州:福建教育出版社,2009:99.
❼ 陈永明. 现代教师论 [M]. 上海:上海教育出版社,1999:4.
❽ 陈永明. 现代教师论 [M]. 上海:上海教育出版社,1999:5.

教授学生。除官学教师外，也有大量私学教师，共同承担招聘弟子、讲学著述、培育人才的责任。

二、马克思主义经典作家关于教育者的思想

（一）马克思恩格斯关于教育者的论述

马克思主义关于教育者与环境的辩证关系和无产阶级教育者的任务等相关论述是新时代思想政治教育教师队伍建设的理论基础。

1. 教育者和环境的改变相互统一在变革的实践中

马克思在《关于费尔巴哈的提纲》中指出，"环境正是由人来改变的，而教育者本人一定是受教育的……环境的改变和人的活动的一致，只能被看作是并合理地理解为变革的实践。"❶ 马克思从辩证唯物论出发，认为环境塑造改变人（教育者），人（教育者）也能动性地改变环境，人（教育者）和环境的改变是辩证统一在社会实践当中的。

2. 无产阶级教育者的根本任务是实现人的自由全面发展

马克思主义认为："最先进的工人完全了解，他们阶级的未来，从而也是人类的未来，完全取决于正在成长的工人一代的教育。"❷ 马克思恩格斯从社会发展的规律和大工业生产的内在要求出发，运用历史唯物主义原理，揭示出人的全面发展不只是单个人的发展，而是要使"每个人""任何人"即"全体社会成员"在个人劳动能

---

❶ 中共中央马恩列斯著作编译局马列部，教育部社会科学研究与思想政治工作司. 马克思主义经典著作选读［M］. 北京：人民出版社，1999：2.
❷ 马克思恩格斯全集：第16卷［M］. 北京：人民出版社，1964：217.

力（包括体力和智力）上多方面、充分且和谐、个人社会关系高度丰富地发展。而在实现人的自由全面发展过程中，作为无产阶级教育者，要培养和训练人的劳动能力，使人摆脱旧分工给他们造成的片面性。正如恩格斯指出，为了工人阶级的解放，需要培养"脑力劳动无产阶级"，需要培养"医生、工程师、化学家、农艺师及其他专门人才，因为问题在于不仅要掌管政治机器，而且要掌管全部社会生产，而在这里需要的决不是响亮的词句，而是丰富的知识"。❶

（二）列宁关于教育者的思想

1. 无产阶级教育者的主要任务是教给青年共产主义思想

列宁在《青年团的任务》中指出："只有把青年的训练、组织和培养这一事业加以根本改造，我们才能做到：青年一代努力的结果将建立一个与旧社会完全不同的社会，即共产主义社会。因此，我们需要详细论述的问题，就是我们应当教给青年什么；真正想无愧于共产主义青年称号的青年应当怎样学习；以及应当如何培养青年，使他们能够彻底完成我们已经开始的事业。我应当指出，看来首先的和理所当然的回答是：青年团和所有想走向共产主义的青年都应该学习共产主义。"❷ 这就是说，作为无产阶级教育者，应当成为"千百万共产主义社会建设者的带头人"❸，其应当有觉悟地告诉青年："马克思依靠了人类在资本主义制度下所获得的全部知识的坚固基础；马克思研究了人类社会发展的规律，认识到资本主义的发展必然导致共产主义，而主要的是他完全依据对资本主义社会所作

---

❶ 马克思恩格斯全集：第22卷［M］. 北京：人民出版社，1965：487.
❷ 列宁选集：第4卷［M］. 北京：人民出版社，2012：282.
❸ 列宁选集：第4卷［M］. 北京：人民出版社，2012：288.

的最确切、最缜密和最深刻的研究，借助于充分掌握以往的科学所提供的全部知识而证实了这个结论……"❶，帮助青年了解马克思恩格斯在吸取前人研究成果的基础上深刻揭示人类社会发展规律，进而构想出共产主义社会这一形态，引导青年树立牢固的共产主义理想，使其成长为共产主义社会的建设者和接班人。

2. "灌输论"是无产阶级教育者所运用的教育方法论

列宁的"灌输论"是针对社会主义思想自发论提出来的。社会主义这一先进的思想体系，不可能自发地、不学而知地产生在工人阶级的头脑中。正如列宁所指出："工人本来也不可能有社会民主主义的意识。这种意识只能从外面灌输进去，各国的历史都证明：工人阶级单靠自己本身的力量，只能形成工联主义的意识……"❷ 且强调："没有革命的理论，就不会有革命的运动"，❸ "阶级政治意识只能从外面灌输给工人，即只能从经济斗争外面，从工人同厂主的关系范围外面灌输给工人"❹ 等。因此，作为无产阶级的教育者，应当把社会主义思想灌输到工人阶级的头脑中，使工人阶级掌握原本并不了解的社会主义思想，掌握科学的世界观和方法论，指导工人明确无产阶级的历史使命和未来发展趋势。

三、中国共产党人关于教育者的思想

在中国共产党百年奋斗的伟大历史征程中，中国共产党历届领

---

❶ 列宁选集：第4卷 [M]. 北京：人民出版社，2012：284.
❷ 列宁选集：第1卷 [M]. 北京：人民出版社，2012：317.
❸ 列宁选集：第1卷 [M]. 北京：人民出版社，2012：153.
❹ 列宁选集：第1卷 [M]. 北京：人民出版社，2012：363.

导人始终高度重视教师队伍建设的必要性和重要性,在社会主义建设和改革的不同历史背景下产生和发展了一系列关于中国共产党教师队伍建设的丰富论述和重要思想。这些丰富论述和重要思想为新时代思想政治教育教师队伍建设提供了直接的思想来源。

(一) 毛泽东关于教师的重要论述

作为伟大的马克思主义者,无产阶级革命家、战略家和理论家,无论在新民主主义革命时期,还是在社会主义革命和建设时期,毛泽东始终热衷和关注教育问题,其中自然包括教师队伍建设。毛泽东热爱教育、喜欢教学,对教育于人的深远影响深信不疑,关怀和支持创办各类高等院校,诸如湖南自修大学、中央党校、中华苏维埃大学、中国抗日军政大学等,且在其中均有职务和授课,有时还担任校长。如1933年3月,毛泽东为马克思主义学校学员讲授苏维埃运动史;1935年12月,毛泽东在瓦窑堡党的积极分子会议上作题为《论反对日本帝国主义的策略》报告;1936年10月毛泽东为中国人民抗日红军大学一科讲授"中国革命战争的战略问题";1937年7月,毛泽东为华北联合大学开学典礼作报告;1937年11月,毛泽东在陕北公学开学典礼上作题为《目前的时局和方针》的演讲;1944年5月,毛泽东在延安大学开学典礼上发表重要讲话;1945年2月,毛泽东在中央党校第五部、六部报告会上做题为《时局问题及其他》的报告等。可以说,毛泽东在领导新民主主义革命的时空逻辑主线中彰显出一位杰出人民教师的本色,具有丰富的人民教师素质的内容。毛泽东关于人民教师素质的思想主要包括三方面:人民教师素质的价值定位、人民教师素质的基本要素以及提升人民教师素质的基本原则等。探析毛泽东关于人民教师的素质问题,为提升新时代思想政治教育教师队伍建设提供了重要的理论借鉴和实践启发意义。

1. 教师素质的价值定位

毛泽东指出,一定的文化(当作观念形态的文化)是一定社会的政治和经济的反映,又给予伟大影响和作用于一定社会的政治和经济;而经济是基础,政治则是经济的集中的表现。❶ 教育是政治和经济的反映,社会主义教育为无产阶级政治和社会主义现代化建设服务。而教师作为教育事业的基本要素之一,是服务于无产阶级政治和社会主义现代化建设的。

2. 教师素质的基本要素

在毛泽东看来,教师的基本素质主要包括坚定的马克思主义信仰;又红又专的业务能力。启发式、因材施教、理论实际相结合的教学法;较好的身体素质等。

首先是坚定的马克思主义信仰。教师所具备的坚定的马克思主义信仰,指的是无论在新民主主义革命时期还是在社会主义革命和建设时期,政治课教师具有坚定的共产主义理想信念,对马克思主义深信不疑,为之奋斗、不畏牺牲。毛泽东曾指出:"没有正确的政治观点,就等于没有灵魂。"❷ "思想和政治又是统帅,是灵魂。"❸ 这就是说,教师除了学习专业,在思想上有所进步,政治上也要有所进步,学习马克思主义理论,树立坚定的马克思主义信仰。

---

❶ 毛泽东. 新民主主义论 [M] //毛泽东选集:第 2 卷. 北京:人民出版社,1994:663-664.

❷ 毛泽东. 关于正确处理人民内部矛盾的问题 [M] //毛泽东著作选读:下册. 北京:人民出版社,1986:780-781.

❸ 毛泽东. 工作方法(草案)[M] //毛泽东论教育革命. 北京:人民出版社,1967:11.

其次，又红又专的业务能力。毛泽东指出："政治和业务是对立统一的，政治是主要的，是第一位的……但是，专搞政治，不懂技术，不懂业务，也不行。我们的同志……搞文教的，都要学一点技术和业务……我们各行各业的干部都要努力精通技术和业务，使自己成为内行，又红又专。"❶ 如：中国抗日军政大学政治教育科科长杨兰史因长期坚持教学工作、操劳过度、积劳成疾，年仅29岁便病逝于延安，真正体现了其"死在延安，埋在清凉山"的决心。毛泽东因此称赞说，"抗大"教职员是最无私的，一不谋官，二不谋利，把自己的一切都献给了革命，献给了人民。

再次，启发式、因材施教、理论实际相结合的教学法。毛泽东向来注重教学法。他在担任教师期间多次指出："教员不要把分数看重了，要把精力集中在培养学生认识问题、分析问题和解决问题的能力上。不要把学生当敌人，采用突然袭击的方式考学生，用偏题怪题整学生。要采用开放式、开卷式的考试。不要考那些死记硬背的知识，要考学生的思维能力、评判能力和辨析能力。"❷ 由此可见，毛泽东相当注重启发式教学法，教师应多引导学生学会运用基本原理解决现实问题，培养学生自主思考、自主学习、自主解决问题的能力。关于因材施教，毛泽东强调指出："在教学方法上，教员要根据学生的情况来讲课。……教员也要跟学生学，不能光教学生……就是教员先向学生学七分，了解学生的历史、个性和需要，然后再拿三分去教学生。"❸ "教员不根据学生要求学什么东西，全凭自己教，

---

❶ 毛泽东. 做革命的促进派 [M] //毛泽东同志论教育工作. 北京：人民教育出版社，1992：267.
❷ 韩延明. 毛泽东的教师情愫 [M]. 北京：当代中国出版社，2021：424.
❸ 中华人民共和国教育部，中共中央文献研究室. 毛泽东邓小平江泽民论教育 [M]. 北京：中央文献出版社，2002：39.

这个方法是不行的。"❶ 毛泽东指出："做宣传工作的人，对于自己的宣传对象没有调查，没有研究，没有分析，乱讲一顿，是万万不行的。"❷ 毛泽东在红军大学讲授"中国革命战争的战略问题"时，在上课前，他都会请来学员、干部了解情况。在"抗大"上课时，毛泽东每次都利用课间休息20分钟，找学员交谈，了解学员来延安以前在各地区的情况，同时也征求大家对他讲课的意见，也会针对不同情况的学员采取不同的教学方法。关于理论联系实际，毛泽东指出："我们学马克思列宁主义不是为着好看，也不是因为它有什么神秘，只是因为它是领导无产阶级革命事业走向胜利的科学……中国共产党人只有善于运用马克思列宁主义的立场、观点和方法……进一步地从中国的历史实际和革命实际的认真研究中，在各方面作出合乎中国需要的理论性的创造，才叫作理论与实际相联系。"❸ 1917年11月，毛泽东在工人夜校讲授历史常识课，从工人的生活、劳动和斗争实际出发，选择从古至今的历史事件和关键人物进行讲解，穿插着一些引人入胜的历史故事，深入浅出，生动活泼，受人喜爱。1919年4月，毛泽东被修业学校校长彭国钧聘为高小部的历史教员，其历史课贯通古今、史论结合，并注意联系社会现实，启发学生的历史思维和爱国情感。1920年秋至1921年冬，毛泽东任湖南省立第一师范附小校长，且承担了品德、历史等课程。他对教材的内容和途径进行改革，积极引导学生分析社会现象与实际问题，使学校教育与社会教育相衔接。1936年10月，毛泽东为中国人民抗

---

❶ 中华人民共和国教育部，中共中央文献研究室. 毛泽东邓小平江泽民论教育[M]. 北京：中央文献出版社，2002：39.
❷ 中华人民共和国教育部，中共中央文献研究室. 毛泽东邓小平江泽民论教育[M]. 北京：中央文献出版社，2002：39.
❸ 毛泽东同志论教育工作[M]. 北京：人民教育出版社，1992：130.

日红军大学一科（军师级以上干部）讲授"中国革命战争的战略问题"，不仅理论分析深入透彻，而且引用大量事实说明问题，还穿插一些成语、典故、案例等，课堂生动有趣、引人入胜。

最后，较好的身体素质。身体是革命和工作的基础。除了上述提到的理想信念、业务能力、良好教学方法等，毛泽东也相当关注教师的身体素质。正如他所指出："因为知识青年容易神经衰弱，他们往往睡不着，醒不来。一定要规定九小时睡眠时间。要下一道命令，不要讨论，强迫执行。青年们要睡好，教师也要睡足。"❶

3. 提升教师素质的基本原则

首先，教育与革命实际相结合。"笔杆子和枪杆子结合起来"，教育服务于革命需要。毛泽东指出："现在一面学习、一面生产，将来一面作战，一面生产，这就是抗大的作风，足以战胜任何敌人的。"❷

其次，"要做好先生，首先要做好学生"。毛泽东明确提出："教育者首先应当受教育"，"我们的教授、教员，都在教人民，教学生。因为他们是教育者，是当先生的，他们就有一个先受教育的任务。"❸那么，教师要向谁学习呢？在毛泽东看来，教师要虚心"向学生学""向群众学""向老百姓学"，甘当小学生。

再次，教育与劳动相结合。毛泽东指出："教育必须为无产阶级政治服务，必须同生产劳动相结合。劳动人民要知识化，知识分子

---

❶ 毛泽东. 青年团的工作要照顾青年的特点 [M] //毛泽东著作选读：下册. 北京：人民出版社，1986：698-700.
❷ 毛泽东同志论教育工作 [M]. 北京：人民教育出版社，1992：65.
❸ 毛泽东. 在中国共产党全国宣传工作会议上的讲话 [EB/OL]. [2024-04-28]. http：//www.cctv.con/spcial/756/1/50065.html.

要劳动化。"❶ 教师要参加劳动，坚持在劳动中思考，坚持劳动与思考相统一。其原因在于："儿童时期需要发展身体，这种发展要是健全的。儿童时期需要发展共产主义的情操、风格和集体英雄主义的气概，就是我们时代的德育。这二者同智育是联结一起的。二者都同从事劳动有关，所以教育与劳动结合的原则是不可移易的。总结以上所说，我们所主张的全面发展，是要使学生得到比较完全的和比较广博的知识，发展健全的身体，发展共产主义的道德。"❷

最后，教育与人民群众相结合。毛泽东指出，知识分子既然要为工农群众服务，那就首先必须懂得工人农民，熟悉他们的生活、工作和思想。我们提倡知识分子到群众中去，到工厂去，到农村去。❸ 教师一定要有为人民服务的热情，密切联系群众，一切为群众的工作都要从群众的需要出发，研究当前的情况，研究实际的经验和材料，要和人民群众交朋友。

（二）邓小平关于教师的重要论述

20 世纪 80 年代以来，科学技术对推动人类社会发展的作用愈加明显，产品中的科技含量比以往提高了许多倍，技术更新的速度也越来越快，知识经济的大潮迅猛而来。在中国，因十年"文革"动乱，教育界历经劫难，亟须解决一系列重大问题。作为时任国家领导人，邓小平以完成四个现代化、实现小康社会为奋斗目标，高度关注科技教育界，自告奋勇主管科技教育工作，关心国家教育和科

---

❶ 毛泽东同志论教育工作 [M]．北京：人民教育出版社，1992：273．
❷ 中共中央文献研究室．毛泽东文集：第 7 卷 [M]．北京：人民出版社，1999：398－399．
❸ 毛泽东．在中国共产党全国宣传工作会议上的讲话 [EB/OL]．[2024-04-28]．http：//www.cctv.con/spcial/756/1/50065.html．

技的发展,强调尊重知识、尊重人才,在多种场合强调加强和发展教育事业的重要性和紧迫感,加强教育界知识分子、教师素质和能力的重要性和紧迫感。邓小平关于教师队伍建设的重要论述,可总结归纳为下列几点:

1. 提高教师的政治和社会地位

在邓小平看来,教育是现代化的基础,是民族最根本的事业,是国家发展的战略重点。在改革开放新时期,中国社会提倡要尊重知识、尊重人才、尊重教师,形成全社会尊师重教的良好风气。正如邓小平指出:"我们要把从事教育工作的与从事科研工作的放到同等重要的地位,使他们受到同样的尊重,同样的重视。"[1] "我们要提高人民教师的政治地位和社会地位。不但学生应该尊重教师,整个社会都应该尊重教师。我们提倡学生尊敬师长,同时也提倡师长爱护学生。尊师爱生,教学相长,这是师生之间革命的同志式的关系。"[2] 此外,关注教师的薪资待遇问题,根据具体情况给予适当物质奖励,"教育工作者的待遇应当同科研人员相同",这在一定程度上关系到教师工作的成就感和积极性,也促使教师做出更多的贡献。邓小平指出:"要确实保证教师的教学活动时间,要关心他们的政治生活、工作条件和业务学习。对于在教学工作中作出突出贡献的教师,应该给以表扬和奖励。"[3] "真正有本领的教授、副教授,高级工程师,高级医生,以及其他方面的高级专门人才的工资待遇,应

---

[1] 邓小平文选:第2卷[M].北京:人民出版社,1983:50.
[2] 邓小平.办好学校,培养干部[M]//毛泽东 周恩来 刘少奇 邓小平论教育.北京:人民教育出版社,1994:279.
[3] 邓小平.培养科学技术人才是教育战线的重要任务[M]//毛泽东 周恩来 刘少奇 邓小平论教育.北京:人民教育出版社,1994:22.

该提高。"❶ 可以说，邓小平从马克思主义唯物论的角度，注重教师的物质待遇问题，解决教师的基本生活保障的同时鼓励多劳多得，促使教师有更多的物质基础和收入，增加教师的工作获得感，期望教师在日益丰富的物质支持和奖励的基础上，对教育事业投入更多的时间和精力，在教书育人方面发挥更大的价值和作用。

2. 教师的无产阶级世界观问题

作为中国人民教师，应当以马克思主义理论为指导，自觉树立起无产阶级的共产主义世界观，坚持为社会主义服务、为人民群众服务。一是教师要认真学习掌握马克思主义理论，学会运用马列主义、毛泽东思想武装自己，在思想上、政治上同党中央保持一致，提升自身的思想政治素质。邓小平曾指出："对全国教育战线十七年的工作怎样估计？我看，主导方面是红线。应当肯定，十七年中，绝大多数知识分子，不管是科学工作者还是教育工作者，在毛泽东思想的光辉照耀下，在党的正确领导下，辛勤劳动，努力工作，取得了很大成绩，特别是教育工作者，他们的劳动更辛苦……就知识分子的世界观改造方面来说，应该怎样估计呢？世界观的重要表现是为谁服务。我国的知识分子绝大多数是自觉自愿地为社会主义服务的。"❷ 由此，邓小平也强调要鼓励各级党委和学校党组织应当关心和帮助教师在思想政治上的进步，引导帮助教师认真学习马克思列宁主义、毛泽东思想，促使更多的教师牢固树立无产阶级世界观。二是教师要坚持为人民群众服务，通过教育教学活动，提升广大青

---

❶ 邓小平. 办好学校，培养干部 [M] //毛泽东 周恩来 刘少奇 邓小平论教育. 北京：人民教育出版社，1994：279.
❷ 邓小平. 办好学校，培养干部 [M] //毛泽东 周恩来 刘少奇 邓小平论教育. 北京：人民教育出版社，1994：280-281.

年学生的思想道德素质和科学文化素质等。邓小平指出："作为灵魂工程师，应当高举马克思主义的、社会主义的旗帜，用自己的文章、作品、教学、讲演、表演，教育和引导人民正确地对待历史，认识现实，坚信社会主义和党的领导，鼓舞人民奋发努力，积极向上，真正做到有理想、有道德、有文化、有纪律，为伟大壮丽的社会主义现代化建设事业而英勇奋斗。"❶ 在邓小平看来，为人民服务是教育工作者崇高的责任和使命。在教育教学中，教师应"有为人民服务的高度的热忱，必须联系群众，而不要脱离群众"❷，尊重群众的意愿和要求，一切工作从群众的需要出发，做到实事求是。

3. 教师对社会主义人才培养的重要性

邓小平指出："教育方面有好多问题，归根到底是要出人才、出成果。"❸ "一个学校能不能为社会主义建设培养合格的人才，培养德智体全面发展、有社会主义觉悟的有文化的劳动者，关键在教师。"❹ 由此可见，在邓小平看来，人才是实现农业现代化、工业现代化、国防现代化、科学技术现代化四个现代化的重要基础。而改革开放新时期教师的主要任务就是培养为社会主义现代化建设服务的人才。

4. 提升教师的教学素质和水平

在知识经济时代，信息正以前所未有的速度膨胀和爆炸。中国

---

❶ 邓小平. 思想战线不能搞精神污染［M］//毛泽东 周恩来 刘少奇 邓小平论教育. 北京：人民教育出版社，1994：124.

❷ 邓小平. 文化工作中的统一战线［M］//毛泽东 周恩来 刘少奇 邓小平论教育. 北京：人民教育出版社，1994：323.

❸ 邓小平文选：第2卷［M］. 北京：人民出版社，1983：70.

❹ 邓小平. 在全国教育工作会议上的讲话［M］//毛泽东 周恩来 刘少奇 邓小平论教育. 北京：人民教育出版社，1994：288.

公民为更快地适应高科技社会，要具有从外界迅速、及时获取有效科学信息和传播科学信息的能力，具备相应的科学素质。作为教师，也要掌握信息时代的技术，借助科技的力量，提升自身的教学素养和能力。邓小平指出："我们国家，国力的强弱，经济发展后劲的大小，越来越取决于劳动者的素质，取决于知识分子的数量和质量。"❶ 那么，关于教师队伍，应具体包括哪些素质呢？邓小平指出："要研究如何提高教师的水平……要敢于教，还要善于教……要提高教师的水平，包括政治思想水平、业务工作能力以及改进作风等"❷，要注重培养"革命化、年轻化、知识化、专业化"的教师队伍。

（三）江泽民关于教师的重要论述

20世纪90年代以来，以江泽民同志为核心的党的第三代中央领导集体高度重视教育、教师工作，把经济建设转到依靠科技进步和提高劳动者素质的轨道上来，真正把教育摆在优先发展的战略地位，努力提高全民族的思想道德素质和科学文化素质。正如江泽民在党的十四届三中全会上郑重指出："社会主义市场经济体制的建立和现代化的实现，最终取决于国民素质的提高和人才的培养。"❸ 以江泽民同志为核心的党的第三代中央领导集体把"大力发展教育，加快培养社会主义现代化建设人才，提高全民族的思想道德素质和科学文化素质"作为贯彻党的基本路线、坚持党的基本路线一百年不动摇的必然要求。

---

❶ 邓小平文选：第3卷［M］．北京：人民出版社，1993：120．
❷ 邓小平．关于科学和教育工作的几点意见［M］//毛泽东 周恩来 刘少奇 邓小平论教育．北京：人民教育出版社，1994：369．
❸ 江泽民文选：第1卷［M］．北京：人民出版社，2006：369．

1. 中国教师在社会主义现代化建设中的使命

新中国成立以来,我国知识分子队伍迅速壮大。江泽民指出:"知识分子作为工人阶级队伍中主要从事脑力劳动的一部分,在社会主义现代化建设中发挥着不可替代的作用,承担着重大的社会责任。"❶ 可见,知识分子是参与社会主义现代化建设人才队伍中的重要组成部分,是社会主义现代化建设取得胜利的关键人员。在教育战线上,教师在传播中华民族传统文化、发展社会主义文化事业、培养社会主义合格建设者和接班人等方面做出了不可磨灭的贡献。正如江泽民所指出:"我国广大教师要率先垂范,做先进生产力和先进文化发展的弘扬者、推动者,做青少年学生健康成长的指导者、引路人,努力成为无愧于党和人民的人类灵魂的工程师。"❷ 作为知识分子的重要组成部分,教师在社会主义现代化建设中的贡献和使命有:一是认真学习和研究马克思主义基本理论,将马克思主义普遍真理同中国实际相结合,提升教师职业水平。正如江泽民指出:"坚持四项基本原则,坚持改革开放……就要从实际出发,认真学习和研究马克思主义基本理论,深化对国情的认识,不断对人民群众的实践进行理论概括,掌握现代化建设的客观规律。"❸ 二是教师在中国现有条件下,必须努力掌握、推广、运用现代科学技术和管理知识,改善教育教学方法,提升教育生产率,更好地服务人才培养。三是作为社会主义精神文明建设的骨干力量,教师既是人类科学文化知识的重要继承者和传播者,也是现代科学技术的重要开拓者,更是美好精神产品的重要创造者,肩负着提高全民族的思想道德素

---

❶ 江泽民文选:第1卷 [M]. 北京:人民出版社,2006:124.
❷ 江泽民文选:第3卷 [M]. 北京:人民出版社,2006:501.
❸ 江泽民文选:第1卷 [M]. 北京:人民出版社,2006:125.

质和科学文化素质,培育一代又一代有理想、有道德、有文化、有纪律的社会主义新人的重担。总之,中国教师应当坚持马克思主义信仰、遵循中国共产党的基本路线方针政策,努力学习马列主义、毛泽东思想、邓小平理论,努力提高专业水平,努力增强民族自豪感,为实现社会主义现代化建设的伟大历史任务贡献聪明才智,肩负起历史赋予的光荣使命。

2. 中国教师健康成长的正确道路

新中国成立以来,先进的知识分子在中国共产党领导下,继承和发扬中国历史上知识分子的优良传统,表现出具有时代特征的崭新精神风貌。作为中国教师,一是热爱教育,忠于学生。江泽民指出:"人民教师的神圣职责,就是传授知识,传承民族精神,弘扬爱国主义,为祖国和人民培养合格人才。"[1] 教师要忠于人民教育事业,把学生的切身利益和基本需求摆在首位,积极引导学生树立正确的世界观、人生观和价值观,教育学生立志成为建设中国特色社会主义的栋梁之才,为中国社会主义教育事业发展、学生的健康成长和全面发展作为教师职业生涯的最高价值。二是深入实际,深入学生。作为教师,要研究社会,了解国情,理论联系实际,在实践中认识和改造世界。教师要根植于学生之中,从学生身上汲取营养和智慧,教学相长,把自己的力量和学生的力量融合在一起。三是追求真理,锐意进取。教师在工作中应当发扬守正创新精神,做到求真务实、勇于创新、严谨自律,敢于冲破现有教学教育模式中的陈腐观念,不断有新发现、新思考、新尝试、新观点,也不断以新知识充实自己,成为热爱学习、学会学习、终身学习的楷模。四是

---

[1] 江泽民文选:第3卷[M].北京:人民出版社,2006:501.

艰苦奋斗，乐于奉献。我们通常把教师比作春蚕、比作蜡烛。其原因就在于：教师的工作是培养人的工作，是塑造灵魂的工作，"既要有脚踏实地、乐于奉献的工作态度，又要有淡泊明志、甘为人梯的精神境界"❶。教师要在职业理想的指引下，不畏艰难，工作孜孜不倦，业务精益求精。上述中国教师的精神风貌，充分体现出教师健康成长的正确道路，即与社会实践相结合，与学生紧密联系，履行好自己的职业责任，在社会主义现代化建设和改革开放的实践中，丰富和发展先进知识分子的优良传统，培养出符合国家发展需要、素质全面提升的新型时代人才。

3. 做好中国共产党的教师工作

教育为本，教师为先。教育是社会主义精神文明建设的重要工程，具有战略性、全局性和基础性。它对提高全民族的思想道德素质和科学文化素质，提升国民素质，培养一代又一代社会主义合格建设者和接班人具有重要的战略意义。一个国家的教育工作，深切关系着这个国家的意识形态工作。因而教育、教师的工作做得好不好，直接关系着社会主义事业的成败。党的十一届三中全会以来，党中央高度重视教师工作，认真选拔教师，做好教师的理想信念教育。一是中国共产党本着尊重知识、尊重人才的基本原则，在高校系统开设师范类招生，培养和选拔信仰马克思主义、愿意为社会主义服务的优秀人才入职教师行业。二是切实做好教师的马克思主义理想信念教育。江泽民指出：中国共产党在包括教师在内的知识分子工作中还存在着不少问题，"对知识分子重视不够、使用不当甚至压抑人才的现象，对知识分子工作生活方面的困难解决不够。又比

---

❶ 江泽民文选：第 1 卷 [M]．北京：人民出版社，2006：502．

如，由于抵制和斗争不力，资产阶级自由化思潮曾在意识形态领域泛滥，在一些知识分子中造成了思想混乱；有些党组织软弱涣散，起不到战斗堡垒作用，致使那里知识分子中的一些思想问题长期得不到解决"❶，尤其是学校教师，特别是思政课教师，他们是做马克思主义主流意识形态教育工作，是传播和灌输中国化马克思主义先进理论成果和实践成果的，其自身马克思主义理想信念坚定与否、教学业务水平高低直接关系着社会主义接班人的培养问题，也直接关系着我国社会主义事业的发展。三是全党落实教育优先发展的战略，形成和保持尊师重教的优良传统。江泽民指出："教师是人类灵魂的工程师。"❷ 要求全党各级干部充分发挥模范带头作用，认真贯彻执行《中华人民共和国教师法》，多为教师办实事，维护教师的合法权益，认真听取他们的意见和建议，重视他们的研究成果，努力保证和提高教师的待遇，为教师创造工作、学习和生活的良好条件，充分调动教师的积极性、主动性和创造性。与此同时，要重视师德建设，切实加强教师的教书育人水平，不断优化教师队伍结构和提高教师队伍素质。江泽民指出："对其中那些学业上、思想政治上都不合格的人，必须果断地调整出去；对于其知识水平满足不了教学需要的，要及时加以培训和提高。"❸ 也就是说，教师是学生思想认知和行为规范的导师，其一言一行深深影响着学生，因此，教育者必须先接受教育，既要学习专业知识，也要增长实践经验，不断丰富和完善自身的知识结构和教书育人水平。正如江泽民所指出，教师"一定要在思想政治上、道德品质上、学识学风上全面以身作则，

---

❶ 江泽民文选：第1卷［M］. 北京：人民出版社，2006：130.
❷ 江泽民文选：第1卷［M］. 北京：人民出版社，2006：371.
❸ 江泽民文选：第2卷［M］. 北京：人民出版社，2006：338.

自觉率先垂范，这样才能真正为人师表。教师之间、系科之间、学校之间应该加强交流和学习；不同的学派和学术观点，可以自由讨论和争论，目的都是取长补短、共同提高。切不可文人相轻、学科相轻、学派相轻，那样对我们办好教育事业是不利的，不符合我们党领导的人民教育的光荣传统"❶。

（四）胡锦涛关于教师的重要论述

21世纪以来，以胡锦涛同志为总书记的党中央站在推进中国特色社会主义伟大事业的战略高度，高度重视教育事业科学发展，以邓小平理论和"三个代表"重要思想为指导，深入贯彻落实科学发展观，实施科教兴国战略、人才强国战略，优先发展教育，完善中国特色社会主义现代教育体系，办好人民满意的教育，建设人力资源强国。要完成全面推动教育事业科学发展这一目标，除了立足社会主义初级阶段基本国情，也要把握教育发展阶段性特征，坚持以人为本，遵循教育规律，面向社会需求，优化结构布局，提高教育现代化水平。然而，要完成这些教育目标，解决当前教育面临的困境与难题，实现教育现代化水平，教师队伍无疑是关键的中坚力量。

1. 把加强教师队伍建设当作中国教育事业发展重要的基础性工作

教育大计，教师为本。要全面提高教育质量，推动教育事业科学发展，加强教师队伍建设是其中的一项基础性、战略性的工作。胡锦涛指出："充分信任、紧密依靠广大教师，进一步激发和保护他们投身教育改革创新、推动教育事业发展的积极性、主动性、创造

---

❶ 江泽民文选：第2卷 [M]. 北京：人民出版社，2006：338.

性,着力提升教师素质、优化队伍结构,着力加强中青年教师和创新团队建设,健全教师管理制度,努力造就一支师德高尚、业务精湛、结构合理、充满活力的高素质专业化教师队伍。"❶ 在这一指导思想的指引下,胡锦涛呼吁全党全社会要采取有力措施,提高教师地位、保障教师利益、改善教育条件、增强教师培训、关心教师身心健康、提升教师待遇,"依法保证教师平均工资水平不低于或者高于国家公务员平均工资水平并逐步提高"❷ 等。与此同时,要兼顾精准扶贫和突出典型相结合,一方面,对长期在农村、边远地区、艰苦地区工作的教师要给予物质和精神上的双重鼓励,完善教师的社会保障政策;另一方面,发扬尊师重教的优良传统,树立典型、正行立信,宣传有突出贡献的优秀教师,在全社会形成模范效应,发挥引领带头作用,以带动全社会教师队伍发展,使教师成为最受社会关注和关心的职业之一。

2. 建设一支政治强、业务精、作风正的高素质教师队伍

胡锦涛在《把党校教育事业提高到新水平》一文中,强调党校教师队伍建设是党的干部队伍建设的重要组成部分,是党校教育事业实现新发展的一项基础性工程和紧迫任务。即:"我们要从造就一批忠诚于党和人民的马克思主义理论家、教育家的高度,切实采取措施,进一步加强各级党校队伍建设,尤其要抓紧建设一支规模适当、结构合理、素质优良、能够满足分级培训轮训干部需要,并在思想理论战线上发挥更大影响的党校教师队伍。"❸ 号召党校通过各种方式,从"理论功底、政治水平、知识储备、实践经验、教学能

---

❶ 胡锦涛文选:第3卷 [M]. 北京:人民出版社,2016:425-426.
❷ 胡锦涛文选:第3卷 [M]. 北京:人民出版社,2016:426.
❸ 胡锦涛文选:第1卷 [M]. 北京:人民出版社,2016:444-445.

力、党性修养"❶ 等方面,提高党校教师全面素质,尤其是培养一批具有国内外影响、素质拔尖的创新人才。除此之外,胡锦涛也相当注重党校教师的政治素质,指出:我们的党校教师不仅业务要适应岗位要求,而且首先要坚定站在党和人民立场上,坚持正确政治方向。❷

(五) 习近平关于教师的重要论述

中国特色社会主义进入新时代以来,习近平总书记在领导全党全国各族人民推进党和国家事业发展的伟大实践中,立足世界发展大势和国家发展全局,着眼于民族复兴伟大梦想,紧紧围绕"为谁培养人、培养什么人、怎样培养人"这一根本问题,牢牢把握立德树人根本任务,培养社会主义时代新人,把教师队伍建设作为基础工作,并做出了一系列有关教师队伍守正创新的重要论述和重要指示。

1. 教师工作的本质是塑造灵魂、塑造生命、塑造人

习近平总书记自党的十八大以来,一如既往地高度重视教师工作,把教师的地位提高至"塑造灵魂,塑造生命"的使命高度,发表了一系列关于教师重要性的重要论述。2014 年 5 月,习近平总书记在与北京大学师生的座谈中指出:"教师要时刻铭记教书育人的使命,甘当人梯,甘当铺路石,以人格魅力引导学生心灵,以学术造诣开启学生的智慧之门。"❸ 2014 年教师节前夕,习近平总书记在与北京师范大学师生代表座谈时指出:"教师是人类历史上最古老的职

---

❶ 胡锦涛文选:第1卷 [M]. 北京:人民出版社,2016:445.
❷ 胡锦涛文选:第1卷 [M]. 北京:人民出版社,2016:445.
❸ 习近平. 青年要自觉践行社会主义核心价值观——在北京大学师生座谈会上的讲话 [N]. 人民日报,2014-05-05.

业之一，也是最伟大、最神圣的职业之一。"❶ 他希望教师努力为发展具有中国特色、世界水平的现代教育，培养社会主义事业建设者和接班人做出更大贡献。❷ 2016年教师节前夕，习近平总书记到北京市八一学校看望慰问师生时强调，教育决定着人类的今天，也决定着人类的未来。希望广大教师认清肩负的使命和责任，教育和引导学生热爱祖国、热爱人民、热爱中国共产党，教育和引导学生心中要有国家和民族，意识到肩负的责任，牢固树立为祖国服务、为人民服务的意识，立志成为党和人民需要的人才。❸ 2018年9月，习近平总书记在全国教育大会上发表重要讲话，对教师的工作性质做了重要定位："教师是人类灵魂的工程师，是人类文明的传承者，承载着传播知识、传播思想、传播真理，塑造灵魂、塑造生命、塑造新人的时代重任。全党全社会要弘扬尊师重教的社会风尚，努力提高教师政治地位、社会地位、职业地位，让广大教师享有应有的社会声望，在教书育人岗位上为党和人民事业作出新的更大的贡献。"❹ 综上，在习近平总书记看来，教师的本职工作就是教书育人，用人类优秀的传统文化和先进的时代文化，增长学生的认知、培养学生的情感、锻炼学生的意志、坚定学生的信念，由内化到外化，促进学生在知、情、意、信、行等方面协调发展，在个性特点和全面素质上实现自由发展。教育过程是一个千变万化的过程，教育的内容和方法，必须随着科学

---

❶ 习近平. 做党和人民满意的好老师——同北京师范大学师生代表座谈时的讲话 [N]. 人民日报, 2014-09-10.
❷ 习近平. 做党和人民满意的好老师——同北京师范大学师生代表座谈时的讲话 [N]. 人民日报, 2014-09-10.
❸ 习近平在北京市八一学校考察时强调：全面贯彻落实党的教育方针 努力把我国基础教育越办越好 [N]. 人民日报, 2016-09-10.
❹ 习近平在全国教育大会上发表重要讲话 [EB/OL]. (2018-09-10) [2024-04-28]. 新华网. http://www.xinhuanet.com/politics/2018-09/10/c_1123406247.htm.

技术的发展和学生身心特点不断改变。这就需要教师进行创造性、奉献性的工作，既要了解学生的共性，掌握学生学习认知的科学规律，又要掌握其形形色色的个性，使每一名学生都得到充分发展。

2. 树立好老师标准

习近平总书记基于教师的战略地位，对教师的综合素质给予高度关注和重要指示。2014年9月，习近平总书记在同北京师范大学师生代表座谈时讲话强调："国家繁荣、民族振兴、教育发展，需要我们大力培养造就一支师德高尚、业务精湛、结构合理、充满活力的高素质专业化教师队伍，需要涌现一大批好老师。"做有理想信念、道德情操、扎实学识、仁爱之心的四有好老师。❶ 2016年教师节前夕，习近平总书记在北京市八一学校与教师座谈时，又提出了四个"引路人"："广大教师要做学锤炼品格的引路人，做学生学习知识的引路人，做学生创新思维的引路人，做学生奉献祖国的引路人。"❷ 2016年12月，习近平总书记在全国高校思想政治工作会上强调，高校教师要努力成为先进思想文化的传播者、党执政的坚定支持者，更好担起学生健康成长指导者和引路人的责任。❸ 2017年3月4日，在全国政协十二届五次会议期间，习近平总书记在看望民进、农工党、九三学社的政协委员时说，我国知识分子历来有浓厚的家国情怀，有强烈的社会责任感，重道义、勇担当。他希望我国广大知识分子自觉做践行社会主义核心价值观的模范，坚持国家至

---

❶ 习近平. 做党和人民满意的好老师——同北京师范大学师生代表座谈时的讲话[N]. 人民日报, 2014 - 09 - 10.

❷ 习近平在北京市八一学校考察时强调：全面贯彻落实党的教育方针 努力把我国基础教育越办越好[N]. 人民日报, 2016 - 09 - 10.

❸ 习近平. 把思想政治工作贯穿教育教学全过程 开创我国高等教育事业发展新局面[N]. 人民日报, 2016 - 12 - 09.

上、民族至上、人民至上，身体力行带动全社会遵循社会主义核心价值观，并积极投身创新发展实践，不断攀登创新高峰。❶ 2022年4月，习近平总书记在中国人民大学考察时强调："建设世界一流的中国特色社会主义大学，培养社会主义建设者和接班人，必须有世界一流的大师。""对教师来说，想把学生培养成什么样的人，自己首先就应该成为什么样的人。培养社会主义建设者和接班人，迫切需要我们的教师既精通专业知识、做好'经师'，又涵养德行、成为'人师'，努力做精于'传道授业解惑'的'经师'和'人师'的统一者。教育是一门'仁而爱人'的事业，有爱才有责任。广大教师要严爱相济、润己泽人，以人格魅力呵护学生心灵，以学术造诣开启学生智慧，把自己的温暖和情感倾注到每一个学生身上，让每一个学生都健康成长，让每一个孩子都有人生出彩的机会。老师应该有言为士则、行为世范的自觉，不断提高自身道德修养，以模范行为影响和带动学生，做学生为学、为事、为人的大先生，成为被社会尊重的楷模，成为世人效法的榜样。"❷ 2023年5月，习近平总书记在中共中央政治局第五次集体学习时强调："强教必先强师。要把加强教师队伍建设作为建设教育强国最重要的基础工作来抓……造就一支师德高尚、业务精湛、结构合理、充满活力的高素质专业化教师队伍。"❸ 2023年9月9日，习近平总书记致信全国优秀教师代

---

❶ 习近平在看望参加政协会议的民进农工党九三学社委员时强调：我国广大知识子要主动担当积极作为 为国家富强民族振兴人民幸福多作贡献［N］. 人民日报, 2017-03-05.

❷ 习近平总书记在中国人民大学考察时强调：坚持党的领导传承红色基因扎根中国大地 走出一条建设中国特色世界一流大学新路［EB/OL］.（2022-05-17）［2024-04-28］. 中国共青团网. https：//qnzz.youth.cn/zhuanti/shzyll/fzyjs/202205/t20220517_13699794.htm.

❸ 习近平在中共中央政治局第五次集体学习时强调：加快建设教育强国 为中华民族伟大复兴提供有力支撑［EB/OL］.（2023-05-29）［2024-04-28］. https：//www.ccps.gov.cn/xtt/202305/t20230529_158146.shtml.

表时指出：教师群体中涌现出一批教育家和优秀教师，他们具有"心有大我、至诚报国的理想信念，言为士则、行为世范的道德情操，启智润心、因材施教的育人智慧，勤学笃行、求是创新的躬耕态度，乐教爱生、甘于奉献的仁爱之心，胸怀天下、以文化人的弘道追求"的教育家精神。❶

习近平总书记这些重要论述，不仅明确提出了优秀教师的基本要求和素质基础，也为教师队伍建设发展指明了基本的努力方向和前进指南。作为新时代"好老师"，要做到：一是要有理想信念，这是源头活水，是好老师不竭的精神动力；二是要有道德情操，这是境界修为，是好老师的成长阶梯；三是要有扎实学识，这是行动利器，是好老师的实践工具；四是要有仁爱之心，这是幸福之本，是好老师的成就之根。只有拥有理想信念、道德情操、扎实学识和仁爱之心的老师，才能最大限度地激发内在潜能，做好具有创造性、奉献性的教书育人工作。

3. 缔造一支素质优良且甘于奉献的教师队伍

习近平总书记从中国社会经济发展和人才战略的高度始终关注教育公平问题。根据《中国教育现代化2035》，基本公共教育服务均等化是实现教育现代化的目标之一，即"提升义务教育均等化水平，建立学校标准化建设长效机制，推进城乡义务教育均衡发展。在实现县域内义务教育基本均衡基础上，进一步推进优质均衡。推进随迁子女入学待遇同城化，有序扩大城镇学位供给。完善流动人口子女异地升学考试制度。实现困难群体帮扶精准化，健全家庭经

---

❶ 大力弘扬教育家精神　为强国建设民族复兴伟业作出新的更大贡献 [EB/OL]. (2023 – 09 – 09) [2024 – 04 – 28]. 新华网. http://www.news.cn/politics/leaders/2023 – 09/09/c_1129854339.htm.

济困难学生资助体系，推进教育精准脱贫。办好特殊教育，推进适龄残疾儿童少年教育全覆盖，全面推进融合教育，促进医教结合"❶。2015年4月，十八届中央全面深化改革领导小组第十一次会议审议通过《乡村教师支持计划（2015—2020年）》，指出必须把乡村教师队伍建设摆在优先发展的战略地位，多措并举，定向施策，精准发力，标本兼治，通过全面提高乡村教师思想政治素质和师德水平、拓展乡村教师补充渠道、提高乡村教师生活待遇、统一城乡教职工编制标准、职称（职务）评聘向乡村学校倾斜、推动城镇优秀教师向乡村学校流动、全面提升乡村教师能力素质、建立乡村教师荣誉制度等举措，努力造就一支素质优良、甘于奉献、扎根乡村的教师队伍。❷ 长期以来，一批批有理想、有担当的青年，在西部地区、边远地区、基层辛勤耕耘、默默奉献，为当地经济社会发展、民族团结进步做出了重要贡献。在完成教育现代化、实现教育公平的历史征程中，希望早日构建一支专业素质优良、甘于自我奉献、乐于扎根乡村的教师队伍，在基层和人民中建功立业、将青春梦想绽放在祖国和人民最需要的地方，在实现中华民族伟大复兴中国梦的伟大实践中书写别样的精彩人生。

4. 推动全社会用实际行动体现"尊师重教"

基于教师的重要战略地位和总书记的人文情怀与师生情结，习近平总书记每年教师节都会亲自走访学校、慰问教师、发表讲话、做出指示，多次给教师写信以谆谆教诲和实际行动充分体现出对教

---

❶ 中国教育现代化2035［EB/OL］.（2019-02-23）［2024-04-28］.新华网. http：//www.xinhuanet.com/politics/2019-02/23/c_1124154392.htm.

❷ 国务院办公厅关于印发乡村教师支持计划（2015—2020年）的通知［EB/OL］. （2015-06-08）［2024-04-28］.中国政府网.https：//www.gov.cn/zhengce/content/2015-06/08/content_9833.htm.

育的重视、对教师的敬重，以实际行动践行好老师是民族的希望，继承和发扬全社会大力弘扬"尊师重教"的优良传统，让广大教师安心从教、乐于从教，热心从教。2013年第二十九个教师节，远在乌兹别克斯坦进行国事访问的习近平总书记专门写信向全国广大教师致以节日问候。他在信中希望"教师成为最受社会尊重的职业"。❶ 2014年9月，习近平总书记会见出席庆祝第三十个教师节暨全国教育系统先进集体和先进个人表彰大会的受表彰代表，向受到表彰的先进集体和先进个人表示热烈祝贺，向全国广大教师和教育工作者致以节日的问候。❷ 2014年9月，习近平总书记专门到北京师范大学看望师生，提出"四有好老师"标准。❸ 2015年9月，习近平总书记给"国培计划（2014）"北京师范大学贵州研修班全体教师回信提出殷切希望，并向全国广大教师致以节日的祝贺和诚挚的祝福。❹ 习近平总书记收到浙江大学张泽等49名教师的来信，他及时通过浙江省委转达了对浙大教师的节日祝贺，并回复来信。❺

习近平总书记不仅强调尊师重教的重要性，也身体力行成为尊师重教的表率。他曾说过："教过我的教师很多，至今我都能记得他们的样子，他们教给我知识、教给我做人的道理，让我受益无穷。"❻ "当年老师对我们要求十分严厉，现在回想起来，终生受

---

❶ 习近平向全国广大教师致慰问信［N］. 人民日报，2013-09-10.
❷ 习近平会见庆祝第三十个教师节暨全国教育系统先进集体和先进个人表彰大会受表彰代表［N］. 人民日报，2014-09-10.
❸ 习近平. 做党和人民满意的好老师——同北京师范大学师生代表座谈时的讲话［N］. 人民日报，2014-09-10.
❹ 习近平总书记给"国培计划（2014）"北师大贵州研修班参训教师的回信［N］. 人民日报，2015-09-10.
❺ 浙大49位老师给习总书记写信教师节前一天收到回复［N］. 钱江晚报，2015-09-10.
❻ 习近平. 做党和人民满意的好老师——同北京师范大学师生代表座谈时的讲话［N］. 人民日报，2014-09-10.

益。"❶ 在北京市八一学校考察时,一位教师对总书记说:"您给人民带来了幸福。"习近平总书记答道:"是老师培养了我们。"❷ 在与师生代表座谈时,八一学校校长沈军发言说,欢迎首长回到母校。习近平总书记说:"到这儿就没有首长了,都是学生。"❸ 习近平总书记与其语文老师陈秋影的长期交往,早已在教育界乃至社会上传为佳话,他以自己的行动体现出"尊师重教"的风范。教育是关乎人类未来的神圣事业,教师是决定教育质量的关键因素,因此,全党全社会弘扬尊师重教的优良传统,对教育心怀敬畏之心,对教师深怀尊重之情,"努力提高教师政治地位、社会地位、职业地位"❹,让广大教师享有高度的社会声望,在教书育人岗位上为党和人民事业不断做出新的更大的贡献。

第二节 知识借鉴

18世纪德国古典哲学创始人康德曾指出:"历史中的这样一个现象永远不会被人遗忘,因为它揭示了在人中有更美好的事物的萌芽,以及达到这种事物的能力……"❺ 西方教师思想发展史深刻揭

---

❶ 习近平在北京市八一学校考察时强调:全面贯彻落实党的教育方针 努力把我国基础教育越办越好［N］.人民日报,2016-09-10.
❷ 习近平在北京市八一学校考察时强调:全面贯彻落实党的教育方针 努力把我国基础教育越办越好［N］.人民日报,2016-09-10.
❸ 习近平在北京市八一学校考察时强调:全面贯彻落实党的教育方针 努力把我国基础教育越办越好［N］.人民日报,2016-09-10.
❹ 习近平在全国教育大会上强调:坚持中国特色社会主义教育发展道路 培养德智体美劳全面发展的社会主义建设者和接班人［N］.人民日报,2018-09-11.
❺ 谢延龙.西方教师教育思想:从苏格拉底到杜威［M］.福州:福建教育出版社,2015:1.

示了教师最美好的品性和能力，是人类教育智慧宝库中的艺术瑰宝，为人类教育发展、教师发展、学生发展提供了源源不断的不竭动力，在人类教育发展史中熠熠生辉。西方教育思想史上关于教师的重要论述，为新时代思想政治教育教师队伍建设提供了良好的经验成果和知识借鉴。关于西方教师思想的核心内容，可大体总结归纳为下列四方面。

一、尊师重教观

古罗马时期著名雄辩家和律师昆体良认为："尊师不亚于重教，要视教师为慈父；这不是指身体，而是指精神。"❶ 学生只有在精神上敬重老师，才愿意听老师的教诲和指导，才能努力回报老师的付出，"学生不仅能愉快地听讲，而且愿意仿效教师。上学时，他们会愉快地、欢欣地前往，他们的错误被纠正时不会生气，他们受到称赞时会感到鼓舞；他们会以专心学习尽力争取教师的珍爱。"❷ 就是说，师生之间的关系应当是充满互爱、互敬的亲密友谊关系。17 世纪英国著名教育思想家洛克的"白板论"也深刻揭示出教师的重要作用。洛克在《人类理解论》中明确指出："我们可以假定人心如白纸似的，没有一切标记，没有一切观念""我们的一切知识都建立在经验上的，而且最后是导源于经验的。"❸ 在洛克看来，人心假定是白板，没有任何天赋的观念，人完全是可塑的，因而充分彰显出教师及其教育的重要作用，其决定着人的知识、品性和行为等各个

---

❶ 昆体良. 昆体良教育论著选 [M]. 任钟印, 译. 北京：人民教育出版社, 1989: 67.
❷ 昆体良. 昆体良教育论著选 [M]. 任钟印, 译. 北京：人民教育出版社, 1989: 100.
❸ 洛克. 人类理解论 [M]. 关文运, 译. 北京：商务印书馆, 1983: 68.

方面，也决定着人与人之间产生的差别。正如他在《教育漫话》中指出："我敢说我们日常所见的人中，他们之所以或好或坏，或有用或无用，十分之九都是他们的教育所决定的。人类之所以千差万别，便是由于教育之故。我们幼小时所得的印象，哪怕是极微极小，小到几乎觉察不出，都有极重大极长久的影响。正如江河的源泉一样，水性很柔，一点点人力便可以把它导入他途，使河流的方向根本改变。从根源上这么引导一下，河流就有不同的趋向，最后流到十分遥远的地方去了。我觉得孩子们的精神容易引导到东或到西，正和水性是一般无二的。"❶ 18 世纪末 19 世纪初，德国著名教育家阿道尔夫·第斯多惠也主张，一切人和社会的一切方面都要尊师，学生、国家、社会都要尊师，提升教师的物质地位。与此同时，教师也要通过自身的努力，让全社会尊重教师这一职业。由此可见，西方教育教师发展史有着浓厚的尊师重教色彩，充分尊重教师这一社会职业在人才培养中所发挥的关键性、基础性作用，同时也引导全社会营造尊师重教的良好氛围。

二、教师素质观

（一）崇高理念

康德认为，教师应当有崇高的至善理念，将孩子的培养目标与未来美好发展紧密结合，即"教育艺术的一个原理——那些制定教育规划的人士尤其应该注意它——就是：孩子们应该不是以人类的

---

❶ 洛克. 教育漫话［M］. 傅任敢, 译. 北京：教育科学出版社，2000：1.

当前状况，而是以人类将来可能的更佳状况，即合乎人性的理念及其完整规定为准进行教育。这一原理有极大的重要性。父母在教育孩子时，通常只是让他们能适应当前的世界——即使它是个堕落的世界。但实际上他们应该把孩子教育得更好，这样才可能在将来出现一个更佳的状态"❶。在康德看来，教师不能只是一味地教育孩子适应当前的世界，而也要关注未来美好的至善理念。"好的教育正是这样的：从中全部的'善'能够在世界中产生出来。被放进人之内的那些萌芽，必须得到更大的发展……在人之内只有向善的萌芽"❷。在康德的教育理念中，好的教育就是让孩子的心灵充满对善的追求，让整个世界因善而变得更加美好。

（二）坚定信念

阿道尔夫·第斯多惠指出，坚定的信念是教师的重要素质，"教师应当有坚定的信念……即使命运遭受不公平的待遇和碰到忘恩负义，也心甘情愿，为培养孩子聊以自慰。没有信念便没有幸福"❸，正是这种坚定的信念，帮助教师提升教育境界，摆脱教育过程中的困境，使教师有更加牢固的情感和信念去支撑教师完成自己的教育事业。

（三）善于省思

自省是一种独特的、自我的教育认知。教师的省思来自对自我内心的、迸发于自我心灵深处的反省和思考，是教师自我认知的一

---

❶ 康德. 论教育学 [M]. 赵鹏，何兆武，译. 上海：上海人民出版社，2005：8.
❷ 康德. 论教育学 [M]. 赵鹏，何兆武，译. 上海：上海人民出版社，2005：9.
❸ 阿道尔夫·第斯多惠. 德国教师培养指南 [M]. 袁一安，译. 北京：人民教育出版社，1990：176.

种良好习惯和品性。省思是古希腊哲学家苏格拉底的生活方式。据柏拉图在《理想国》中记载：一天大清早，太阳还没升起，苏格拉底遇到一个问题，就在一个地方，站着不动，沉思默想，想不出答案，就不肯罢休。他就这样一直站着，直至傍晚。这时，有几个伊奥尼亚人吃过晚饭，把他们的铺席搬了出来，睡在露天里，他们想看着苏格拉底是否站着过夜，苏格拉底在那里竟然一直站到天亮，直到太阳升起，他向太阳做了祷告，然后才走开。苏格拉底的沉思令世人称奇，这种沉思是一种达到忘我境界的思考。可以说，未经思考的生活是毫无价值的。作为一种深度的自我剖析和思考，沉思是教师与自身心灵对话、增长认知、提升教育教学水平的重要方法和途径。

（四）善于求知

"自知无知"是古希腊哲学家苏格拉底的重要哲学命题，也是苏格拉底智慧的表现。据《苏格拉底的申辩》记载：苏格拉底27岁时，德尔斐神庙的祭祀说，没有人比苏格拉底更有智慧。苏格拉底深感疑惑，于是决定弄清楚神谕的真意，开始走访自认为有智慧的人，"在这以后，我拜访了一个又一个人，痛苦而恐惧地看到，我被人们记恨，然而在我看来，完成神给我的任务一定要先于所有别的事——为了考察他说的神谕，就要去找所有好像有知识的人。"[1] 苏格拉底调查的结果是，那些自以为很有知的人，其实是以无知为知。由此，作为教师，应有强烈的求知欲，不断地追求新知识、新技能、新体验，这才是教师能够不断产生创新和灵感的源泉，意识到无知

---

[1] 柏拉图. 苏格拉底的申辩 [M]. 吴飞, 译. 北京：华夏出版社，2007：81.

才是知的开始。亚里士多德也指出："求知是所有人的本性。"❶ 作为教师，求知是由其特殊的职业和身份决定的，教师是与知识打交道的人，是知识的学习者、继承者、发扬者和创造者，这就天然决定了教师要不断追求知识、实现自我价值。17世纪英国著名的教育家培根在《新工具》中指出："人类知识和人类权力归于一"❷"通向人类权力和通向人类知识的两条路途是紧相邻接，并且几乎合而为一"❸。此外培根也在《宗教深思录》中明确指出"知识就是力量"，这些都启示教师，要获得力量，就必须掌握知识，具有全面且合理的知识结构。17世纪西方近代教育理论的重要奠基者夸美纽斯曾指出："一个做教师的人在传授知识以前，必须使受教者渴于求得知识，能够接受教导，因而准备接受多方面的教育。"❹ 倘若教师不热爱自己的专业、不热爱教育事业、不专注教学内容，那么，又怎么能让学生热爱和追求知识呢？因此，教师要学习然后知不足，只有通过不断地学习，丰富和完善教师的知识结构和知识储备，才能具备足够的知识和能力教育好学生。

（五）良好人格

古希腊哲学家亚里士多德曾指出："演说者使人信服要依靠三种素质，这三种素质无需证明就能使我们信服。它们是明智、德性与善意。"❺ 明智是教师明辨是非、增长智慧的要求，教师要对知识理

---

❶ 苗力田. 亚里士多德全集：第7卷 [M]. 北京：中国人民大学出版社，1997：27.
❷ 培根. 新工具 [M]. 许宝骙，译. 北京：商务印书馆，1984：8.
❸ 培根. 新工具 [M]. 许宝骙，译. 北京：商务印书馆，1984：108.
❹ 谢延龙. 西方教师教育思想：从苏格拉底到杜威 [M]. 福州：福建教育出版社，2015：110.
❺ 苗力田. 亚里士多德全集：第9卷 [M]. 北京：中国人民大学出版社，1994：409.

论有着明晰的认知，缺乏明智，教师就会产生错误的见解和意见，就会对学生产生误导。德性是教师所具有的学识、公正、责任和关爱，与学生建立良好的亦师亦友关系，展现出教师对学生的关爱、对学生需要的满足、对学生学习的引导和教育等。善意也是教师对学生充满尊重、理解、关爱和宽容，使学生充分地信任教师，愿意与教师倾诉心扉、诉说烦恼，教师也能真正地了解学生、体贴学生，解决学生的思想困惑和现实难题。昆体良指出："教师应当是德才兼备的人，他应该像荷马史诗中费尼斯一样，既教学生怎样演讲，又教学生怎样做人。"❶ 师德是教师最重要的素养，善良是教师的第一要素。因为教师只有自己具备高尚的品质，才能有效地培养学生的高尚品质。18 世纪法国著名教育家卢梭认为："一个好教师应该具有哪些品质，人们对这个问题是讨论了很多的。我所要求的头一个品质是：他绝不做一个可以出卖的人……""一个教师！啊，是多么高尚的人！……事实上，为了要造就一个人，他本人就应当是做父亲的或者是更有教养的人。"❷ 在卢梭看来，教师是具有高尚人格的人，具有奉献精神、甘于付出的人，而非因为金钱的缘故才选择做教师，教师要塑造一个人，为造人而教，是无比高尚的职业。19 世纪瑞士著名教育家约翰·亨利赫·裴斯泰洛齐认为："教育的主要原则是爱。"❸ "教师富有仁爱、智慧和淳朴的精神；能胜任工作，得到青年和老人的信任，把爱秩序和克己看得比实际知识和学问更高尚、更重要；具有透彻的洞察力，能看到孩子将来可能发展成什么

---

❶ 昆体良. 昆体良教育论著选 [M]. 任钟印, 译. 北京：人民教育出版社, 1989：19.
❷ 卢梭. 爱弥儿 [M]. 李平沤, 译. 北京：商务印书馆, 1996：27.
❸ 赵祥麟. 外国教育家评传：第 2 卷 [M]. 上海：上海教育出版社, 1992：49.

样的人,并以此为目标来指导教育工作"。❶ 爱是裴斯泰洛齐教师观的核心思想。在他看来,家庭教育与学校教育应当融为一体,将父母对孩子至亲至真的爱转移到学校教育中,教师也应当像父母一样爱自己的学生,"如果我们正确地将父母的关怀看作人类成长的主要因素,那就必须借助教会或政府,把父母的关怀引进教育体系,教育中的一切好的方面和这种父母之心是一直结合在一起的"❷,实现家校一体,才能对孩子实行最好的教育。

(六) 科学知识素质

18世纪末19世纪初德国教育学家约翰·弗里德里希·赫尔巴特指出,教师的思想和行为对学生有着最直接的影响,其真正作用在于通过讲解和陪伴促使儿童感受到、发现并想到全部知识的力量。基于此,教师的素质对于儿童的成长与培养至关重要。在赫尔巴特看来,教师要具备科学知识素质,要求教师懂得科学,且具备心理学素质,即"教育者的第一门科学——虽然远非其科学的全部——也许就是心理学"❸,掌握心理学知识,真正把握和理解学生的心理活动,对学生的行为做出正确的因果关系的分析和阐述,进而掌握教育学生的正确方法和措施。

(七) 自我教育

卢梭十分注重教师的自我教育,认为教师只有不断地进行自我

---

❶ 裴斯泰洛齐. 裴斯泰洛齐教育论著选 [M]. 夏之莲,译. 北京:人民教育出版社,2001:322.
❷ 裴斯泰洛齐. 裴斯泰洛齐教育论著选 [M]. 夏之莲,译. 北京:人民教育出版社,2001:292.
❸ 赫尔巴特. 赫尔巴特文集:教育学卷一 [M]. 李其龙,郭官义,译. 杭州:浙江教育出版社,2002:11.

教育，才能成为真正的教师。他指出：教师必须先受教育，才能教育他的学生，仆人必须受过教育，才能为他的主人服务，所有接近学生的人都必须先获得他们应当使他领会的种种印象；必须受了一层教育又受一层教育，一直受到谁也不知道到了什么地方为止。把孩子交给一个连他本身都没有受过良好教育的人培养，又怎能培养得好呢？❶ 在卢梭看来，自我教育是教师的必要条件，自我反思、经验总结和业务能力提升是教师不断成长与发展的重要法宝。倘若一个教师失去了自我教育的能力，就将不可避免地陷入陈旧和落后；教师不进行自我教育，就会不可避免地沦为无知和盲目。真正的优秀教师，都是善于自我学习、自我教育、自我管理的人。阿道尔夫·第斯多惠也指出，教师要善于进行自我教育，"真理向那些心灵纯洁、高尚的人表明，只有他们才会热衷于教育事业。谁不是为了人类的自身缘故去探求教育事业，谁就不会找到这种教育事业"❷，只有善于进行自我教育的教师，才能具有丰富的知识储备，才能诚心诚意地教育学生，也才能有自我发展和提升的机会。

三、教师学生观

洛克指出"儿童究竟是儿童"，教师不要指望"儿童听从别人，竟和议会里面的议员一样有理智，懂规矩"，也不要指望孩子"与年岁较长的人具有同样的举止，同样地严肃和用功"。❸ 在洛克看来，孩子并非成人，教师不能以对待成人的态度和方法来对待儿童，要

---

❶ 卢梭. 爱弥儿 [M]. 李平沤，译. 北京：商务印书馆，1996：28.
❷ 第斯多惠. 德国教师培养指南 [M]. 袁一安，译. 北京：人民教育出版社，1990：25.
❸ 洛克. 教育漫话 [M]. 傅任敢，译. 北京：教育科学出版社，2000：24，57.

给予儿童一定的自由和宽容,"最好少用权力,少下命令"❶,这样儿童才能自由地、按照自己的意愿安排自己的活动和行为,才能有更多机会、更充分地发挥自身的积极主动性,才能保持自身的独立性和创造性,"儿童也爱表示自己是自由的,他们喜欢人家知道他们的良好举动,是他们自动做出来的,希望人家知道他们是绝对独立的。"❷ 约翰·弗里德里希·赫尔巴特提出,教师是关注学生未来的人,"要为儿童的未来着想……必须为使孩子顺利地达到这些目的而事先使其做好心理准备"❸,教师应当关注学生兴趣发展的可能性和多方面性、道德品质发展以及个性的自由和谐发展等。约翰·杜威主张"儿童中心论",即"我们教育中将引起的改变的重心的转移。这是一种变革,这是一种革命,这是和哥白尼把天文学的中心从地球转到太阳一样的那种革命。这里,儿童变成了太阳,而教育的一切措施则围绕着他们转动,儿童是中心,教育的措施便围绕他们而组织起来"❹,教师教育活动的中心是儿童,儿童成为学校教育的决定性因素。

四、教师教学观

(一)引导观

20世纪德国哲学家海德格尔曾说:"真正的老师让人学习的东

---

❶ 洛克. 教育漫话[M]. 傅任敢,译. 北京:教育科学出版社,2000:58.
❷ 洛克. 教育漫话[M]. 傅任敢,译. 北京:教育科学出版社,2000:51.
❸ 赫尔巴特. 普通教育学:教育学讲授纲要[M]. 李其龙,译. 北京:人民教育出版社,1989:37.
❹ 约翰·杜威. 杜威教育论著选[M]. 赵祥麟,王承旭,译. 上海:华东师范大学出版社,1981:32.

西只是学习。所以，这种老师往往给人造成这样一种印象，学生在他那里什么也没有学到，因为人们把获取知识才看作是学习。"❶ 古希腊哲学家苏格拉底的"助产术"就是一种引导法，即如他所说："我的助产术与他们的助产术大致相似。不同的是，我的实施对象是男人而不是女人；我照料他们分娩时的灵魂，而不是他们的身体。我这种艺术最伟大的地方在于它能够以各种方式考察年轻人的心灵所产生的是幻想错觉还是真知灼见。在下面这一点上我跟产婆相似：她们不生子，我缺少智慧。因此我常常遇到谴责，说我只会问别人。而自己却因没有智慧从不回答任何问题……所以我自己并不聪明，没有什么发明，即产生于我自己的灵魂的果实。但是，这些跟我交往的人，尽管有一些确实显得十分无知，可一旦我们交往相久，所有这些荷蒙神佑的人就都取得了令人吃惊的进步。"❷ 苏格拉底的助产术启示我们：教师授之以鱼不如授之以渔，其主要任务不仅传授知识，更要传授学生学习的方法。古希腊另一位哲学家柏拉图在《理想国》中阐述的"洞穴比喻"与苏格拉底的助产术有异曲同工之处。柏拉图在《理想国》中讲道：有一部分人从出生起就被束缚在洞穴里，无法动弹，不能扭头，眼睛只能往前看，看着洞穴的后壁。在他们的背后有火光，他们与火光之间有一道矮墙，在矮墙后面，有一些人将一些玩偶投影到他们所看到的矮墙上，形成各种影像，囚徒们每天看着眼前洞壁上变换着的各种影像，他们以为是真实的物体，毫无挣脱束缚的欲望。直到有一天，其中一个囚徒挣脱开了束缚，看到了真实的一面，他试图启蒙和解救那些陷于假象包

---

❶ 海德格尔. 海德格尔选集：下卷 [M]. 孙周兴, 译. 上海：三联书店, 1996: 217.
❷ 苗力田. 古希腊哲学 [M]. 北京：中国人民大学出版社, 1989: 213.

围的同胞,但最后失败了。❶ 柏拉图的"洞穴比喻"启示我们,教师应当成为启蒙者和解放者,一方面,是自我启蒙与解救,持之以恒地追求外在的、不断更新的知识、技能和信息,以发展和完善自我;另一方面,对学生的启蒙和解救,包括知识层面和精神层面,教师传授学生知识的同时也要注重对学生进行心理层面、精神层面上的启蒙和点拨,就如同柏拉图的"洞穴比喻",要善于将学生从黑暗的洞穴中拉向洞外的光明世界,让学生的心灵实现向好转向。古希腊时期的昆体良也相当注重学生的主体性,注重引导式教学方式。他曾指出,学生主体性的养成,才是教学的根本归宿,要"引导班上的学生自己发现问题,运用他们的智力,而这正是这种教学方法的最终目的。因为,除了使我们的学生不需要总有人教,我们的教学还能有什么别的目的呢?"❷ 因此,教是为了不教,要让学生养成遇到问题自己想办法的习惯,"否则他们就会养成事事依赖别人的坏习惯,这样他们就不能学会自己努力表现出创造性"❸,而教师的任务就是鼓励学生自主学习、自主探索,引导他们用自己的力量去发现问题、分析问题和解决问题,用自己的智慧和能力去面对问题。

(二) 奖惩观

在教育教学活动中,适当的奖惩是激励学生的重要方法之一。洛克指出:"我承认,如果我们想要支配儿童,奖励和惩罚是应该采用的。我觉得错误之点是:通常所用的奖励办法都是选择不得当的。我觉得身体上的痛苦和快乐被人用作支配儿童的奖励与惩罚,结果

---

❶ 柏拉图. 理想国 [M]. 郭斌和,张竹明,译. 北京:商务印书馆,2011:275-276.
❷ 昆体良. 昆体良教育论著选 [M]. 任钟印,译. 北京:人民教育出版社,1989:84.
❸ 昆体良. 昆体良教育论著选 [M]. 任钟印,译. 北京:人民教育出版社,1989:87.

是不会好的。"❶ 即是说，教师应当慎重地进行奖励和惩罚。只有发自内心的羞耻心和畏惧心，才是真正起作用的教育。教师的奖励和惩罚都要从学生的心灵，而非身体入手，对学生进行触动其内心的且其欣然接受的奖励和惩罚。19世纪英国著名教育家赫伯特·斯宾塞也主张，教师要运用自然惩罚观，针对儿童行为自然产生的后果对其进行惩罚，这个后果是直接的、必然的和不可避免的，正如他所说："并不是人为地或不必要地给予痛苦，而只是对那些基本上对身体有害的动作加以有益的限制……这些惩罚的特点在于他们只是那个行动的不可避免的后果，它们只是儿童行动所引起的必然反应。"❷ 教师通过自然惩罚观，防止不恰当、过于急切的惩罚使儿童产生逆反和表面的屈服，而是让儿童在教育中直接体验自身行为的必然后果。

（三）实践观

康德认为："关于教育的学说，或者是自然性的，或者是实践性的。自然性的教育是关于人和动物共同方面的教育，即养育。实践性的教育或道德性的教育则是指那种把人塑造成生活中的自由行动者的教育。这是一种导向人格性的教育，是自由行动者的教育。"❸ 在康德看来，教师的主要任务是培养学生的技能、明智和道德性，培养学生成为自由行动者。在这里，技能主要是指使学生获得某种技能，使之自身具备某种价值；明智是指塑造学生成为公民，能够

---

❶ 洛克. 教育漫话 [M]. 傅任敢, 译. 北京：教育科学出版社, 2000：133.
❷ 赫伯特·斯宾塞. 教育论 [M]. 胡毅, 译. 北京：人民教育出版社, 1962：90.
❸ 伊曼努尔·康德. 论教育学 [M]. 赵鹏, 何兆武, 译. 上海：上海人民出版社, 2005：15.

有公共道德和智慧，为公共生活贡献价值；道德性致力于学生品格的养育和形成，使学生能够按照准则去行动，这样对学生来讲是至关重要的。正如康德所说："必须让学童从自己的准则而非习惯出发来做好事，即他不是仅仅做好事，而是因为那样做是好的才去做它。因为行动的总的道德价值在于善的准则。自然性教育在此与道德教育有别，因为对于学童来说，它是一种被动的教育，而后者则是能动的。他必须能时刻意识到行动的根据，以及它是如何从义务概念导出的。"❶ 也就是说，教师注重引导学生掌握行为准则，树立起正确的价值观念，能够从内心按照准则去行事，养成自身的自律性，而非依靠外在规则的压力。

（四）遵循自然观

约翰·亨利赫·裴斯泰洛齐认为，教师的教育教学不是盲目的，而是要按照自然发展原则、儿童身心发展规律进行的，即"大自然丰富的魅力和它的多变的作用所引起的必要性带有自由与独立的烙印。这里，教学艺术也必须模仿大自然的进程，通过丰富的魅力和多变的作用，努力使教学艺术的结果带有自由与独立的印记"❷ "孩子具有人的自然天性的一切资源，只是还没有得到发展而已，如同未绽开的蓓蕾，蓓蕾一旦绽开，所有的花瓣都会舒展开来，人的教育亦如此。对人的天性的资质必须仔细观察，只有调动这些天生资质才能确保成功"❸ "培养智力和技能需要有适合于人类本性的、符

---

❶ 伊曼努尔·康德. 论教育学 [M]. 赵鹏, 何兆武, 译. 上海：上海人民出版社, 2005：31-32.
❷ 裴斯泰洛齐教育论著选 [M]. 夏之莲, 译. 北京：人民教育出版社, 2001：202.
❸ 阿图尔·布律迈尔. 裴斯泰洛齐选集：第一卷 [M]. 尹德新等, 译. 北京：教育科学出版社, 1994：232.

合心理学规律的一套循序渐进的方法"❶ 等，也就是说，教师要遵循教育心理化要求、学生的身心发展规律、学生的生长天性，使教育教学与学生的内在本性相协调。

---

❶ 裴斯泰洛齐教育论著选 [M]. 夏之莲，译. 北京：人民教育出版社，2001：179.

第三章　思想政治教育教师的素质和职责

教师素质一直是世界各国备受关注的重要问题。"每一个选择教育者职业的人，不仅仅应该知道哪些品质是他在完善自己的过程中所必须具备的，而且还要明确，为了敢于涉足于教育者职业领域中，他还必须具备哪些天生的素质。对这些必要的品质和素质至少应该划出一定的范畴来。"❶ 在20世纪80年代，欧美等发达国家已开始关注教师的专业素养问题，且随着当今课程改革的深入推进，人们对教师的专业素养更为关注，提出了更高更新的要求。第44任美国总统奥巴马指出："正在考虑职业选择的年轻人，如果你想让我们国家前途有所不同，如果你想让一个孩子的生命有所不同，成为一位教师吧。"教师是教学的主导，其自身的发展、培养和教育直接关系着学生的发展、培养和教育。

思想政治教育教师的素质和职责是相辅相成、彼此促进的。思想政治教育教师的素质是完成教书育人职责的基本保障，思想政治教育教师职责的完成推动着思想政治教育教师素质的提升和完善。

---

❶ 凯兴斯泰纳教育论著选 [M]. 郑惠卿, 译. 北京: 人民教育出版社, 2003: 158.

第一节　思想政治教育教师的素质

思想政治教育教师的素质是指教师在教育教学活动中,以先天禀赋为基础,在社会环境和教育环境的综合影响下,通过教育、管理和服务的实践,自我修养逐渐形成和发展起来的相对稳定和持久作用的基本品质。在新时代背景下,全面提升思想政治教育教师的素质,既是实现思想政治教育改革创新的需要,也是思想政治教育教师提升教学能力和职业发展的需要,更是青年学生健康成长与全面发展的需要。党的十八大以来,习近平总书记在领导全党全国各族人民推进党和国家事业发展的伟大实践中,立足世界发展大势和国家发展全局,着眼于民族复兴伟大梦想,紧紧围绕"为谁培养人、培养什么人、怎样培养人"这一根本问题,牢牢把握立德树人根本任务,培养社会主义时代新人,做出了一系列有关思想政治教育教师素质培养的重要论述和战略部署。

2016年12月,习近平总书记在全国高校思想政治工作会议上强调,教师要"坚持教书和育人相统一,坚持言传和身教相统一,坚持潜心问道和关注社会相统一,坚持学术自由和学术规范相统一,引导广大教师以德立身、以德立学、以德施教。"❶ 2019年4月,教育部印发《普通高等学校思想政治理论课教师队伍培养规划(2019—2023年)》通知,提出"建设一支专职为主、专兼结合、数

---

❶ 习近平. 把思想政治工作贯穿教育教学全过程　开创我国高等教育事业发展新局面[EB/OL]. (2016 - 12 - 08) [2024 - 04 - 28]. 新华网. http://www.xinhuanet.com/politics/2016 - 12/08/c_1120082577. htm.

量充足、素质优良的高校思政课教师队伍","配齐建强思政课教师队伍,努力培养造就数十名国内有广泛影响的思政课名师大家、数百名思政课教学领军人才、数万名思政课教学骨干,推动全国高校思政课教师队伍更平衡更充分发展,整体水平不断提升,切实办好新时代高校思政课。"❶ 2019年8月,中共中央、国务院印发《关于深化新时代学校思想政治理论课改革创新的若干意见》,站在新时代的历史节点上,提出要建设一支高素质专业化的思政课教师队伍,提高思政课教师的综合素质。2019年3月,习近平总书记在与学校思政课教师座谈时进一步突出强调,教师是办好思政课的关键,并对思政课教师提出了"政治要强""情怀要深""思维要新""视野要广""自律要严""人格要正"六点具体要求。❷ 2022年4月25日,习近平总书记在考察中国人民大学时讲话指出:"对教师来说,想把学生培养成什么样的人,自己首先就应该成为什么样的人。培养社会主义建设者和接班人,迫切需要我们的教师既精通专业知识、做好'经师',又涵养德行、成为'人师',努力做精于'传道授业解惑'的'经师'和'人师'的统一者。"❸ 2023年9月9日,习近平总书记致信全国优秀教师代表并做出重要指示:全国广大人民教师应大力弘扬"心有大我、至诚报国的理想信念,言为士则、行为世范的道德情操,启智润心、因材施教的育人智慧,勤学笃行、

---

❶ 普通高等学校思想政治理论课教师队伍培养规划(2019—2023年)[EB/OL].(2020-10-06)[2024-04-28]. http://ggx.nnudy.edu.cn/c610/20201006/i20437.html.

❷ 习近平. 思政课是落实立德树人根本任务的关键课程[N]. 人民日报,2020-09-01.

❸ 习近平在中国人民大学考察时强调:坚持党的领导传承红色基因扎根中国大地走出一条建设中国特色世界一流大学之路[EB/OL].(2022-04-25)[2024-04-28]. http://news.cctv.com/2022/04/25/ARThiFPzZTnSrP72g3Kxq3y220425.shtml?art-icle.id=513605.

求是创新的躬耕态度，乐教爱生、甘于奉献的仁爱之心，胸怀天下、以文化人的弘道追求"的教育家精神。❶ 由此可知，以习近平同志为核心的党中央注重培养高素质、专业化、创新型的思想政治教育教师，把思想政治教育教师队伍建设和培养上升到国家发展、民族振兴、人才培养的战略高度，且明确思想政治教育教师队伍建设和培养的重要性和紧迫感。

习近平总书记还强调："哲学社会科学工作者要做到方向明、主义真、学问高、德行正，自觉以回答中国之问、世界之问、人民之问、时代之问为学术己任，以彰显中国之路、中国之治、中国之理为思想追求，在研究解决事关党和国家全局性、根本性、关键性的重大问题上拿出真本事、取得好成果……"❷ 对学生在人生理想、专业认知、思想观念、行为举止等方面形成良好的引领和示范作用。

关于思想政治教育教师素质的探究，学术界主要有如下观点：

一是华中师范大学陈万柏教授、张耀灿教授在《思想政治教育学原理（第二版）》中指出，思想政治教育者要履行自己的职能，就必须具备良好的素质。一定的素质是教育者承担思想政治教育职责、充分发挥主导作用的基础，也是影响思想政治教育效果的重要因素。因此，有必要对思想政治教育者的素质进行探讨。为了更好地承担思想政治教育的历史使命，履行思想政治教育者的职能，思想政治教育者必须具备较高的素质，这些素质主要包括以下几方面：政治素质、道德素质、思想素质、知识素质、能力素质、身体素质

---

❶ 习近平. 大力弘扬教育家精神 为强国建设民族复兴伟业作出新的更大贡献：向全国广大教师和教育工作者致以节日问候和诚挚祝福［EB/OL］.（2023-09-09）［2024-04-28］. 新华网. http://www.news.cn/politics/leaders/2023-09/09/c_1129854339.htm.

❷ 习近平总书记在中国人民大学考察时强调［EB/OL］.（2022-05-17）［2024-04-28］. 中国共青团网. https://qnzz.youth.cn/zhuanti/shzyll/fzyjs/202205/t20220517_13699794.htm.

和心理素质等。这些素质相互影响、相互制约，从而构成教育者的整体综合素质，且通过外在培训和内在修养来提高教育者的综合素质。❶

二是武汉大学沈壮海教授在《新编思想政治教育学原理》中指出，思想政治教育从根本上是做人的工作，思想政治教育者只有具备良好的思想政治素质、科学文化素质、身心健康素质、业务能力素质，才能在思想政治教育活动中更好地履行思想政治教育职责。❷

三是中国人民大学秦宣教授在《分化与整合：社会转型期的思想政治教育研究》中指出，高素质的教师队伍，是高质量教育的基本条件。有了高素质的教师队伍，才能培养出全面发展的人才。思想政治教育教师的素质包括思想道德素质、专业素质、业务素质。因为我们很难想象一个自身思想品德素质不高、科学文化知识贫乏、有心理缺陷的教师，能够培养出思想品德高尚、科学文化知识丰富、心理健全的学生来。❸

四是吉林大学陈秉公教授在《思想政治教育学原理》中指出，教育者必须具有教育者的素质。如果教育者不具备教育者素质，只能使教育的系统功能丧失。因此，必须提高教育者自身的素质，向专家化的方向发展。一个合格的思想政治教育工作者，必须具有以下素质：如政治素质、思想素质、道德素质、智能素质、心理素质。且进一步指出，思想政治教育者的五种素质之间相互联系，又各具独特的功能，共同组成了思想政治教育者的有机素质结构整体，思

---

❶ 陈万柏, 张耀灿. 思想政治教育学原理 [M]. 2版. 北京：高等教育出版社, 2007：155.

❷ 沈壮海. 新编思想政治教育学原理 [M]. 北京：中国人民大学出版社, 2022：288.

❸ 秦宣. 分化与整合：社会转型期的思想政治教育研究 [M]. 北京：中国人民大学出版社, 2017：166–167.

想政治教育者的素质是随着时代变化而不断发展的,是一个动态发展、日益完善的过程。❶

五是武汉大学骆郁廷教授在《思想政治教育原理与方法》中指出,思想政治教育主体要增强主体性,充分发挥主体作用,就必须不断提高思想政治教育主体自身的素质。而提高思想政治教育主体的素质,最重要的就是要适应新时代社会发展的需要和人的全面发展的需要,建设一支高素质的思想政治教育队伍。对于新时期我国的思想政治教育者来说,要通过培养使他们具备如下素质:坚定的理想信念、深厚的理论造诣、强烈的创新意识、高尚的思想品格、合理的知识结构、高超的教育艺术。只有具备这些素质,才能不断增强思想政治教育主体的主体能动性,充分发挥思想政治教育主体在思想政治教育实践中的主体作用。❷

六是张耀灿、郑永廷、吴潜涛、骆郁廷等在《现代思想政治教育学》中指出,教育者把自身作为认识和改造的对象,进行自我改造、自我提升,是教育者主体性的内在动力源泉。现代社会,网络已然成为受教育者的第一信息源,这就要求教育者对此要有紧迫感和危机意识,永远保持积极进取的状态,拓展知识领域,优化知识结构,不断学习现代科学技术知识,特别是信息网络技术,掌握新理论、新观点、新技术,并以之指导教育实践。此外,结合时代特征和发展趋势,教育者还需要在思想修养、道德修养、政治修养等方面具有不同于传统思想政治教育者修养的内容,使自己与时俱进,适应时代发展的要求。❸

---

❶ 陈秉公. 思想政治教育学原理 [M]. 北京:高等教育出版社,2006:316-321.
❷ 骆郁廷. 思想政治教育原理与方法 [M]. 北京:北京师范大学出版社,2019:98-99.
❸ 张耀灿,等. 现代思想政治教育学 [M]. 北京:人民出版社,2006:276.

七是河海大学孙其昂教授在《思想政治教育学前沿研究》中强调，作为思想政治教育主体，关键的要素是"专业意识"，即具有思想政治教育意识或思想政治教育自觉，真正具有思想政治教育自觉立场和自主能力。❶

八是大连海事大学曲建武教授在《着力建设好高校思想政治教育教师队伍》一文中指出，作为一名思想政治教育教师，必须要有坚定的理想信念，增强政治意识、大局意识、核心意识、看齐意识。这就要自觉加强马克思主义理论学习，特别是要学习好习近平新时代中国特色社会主义思想。事实说明，坚定的理想信念只能建立在科学理论的基础上。再忙，也不能忽视理论学习，要把学习当成人生追求。作为一名思想政治教育教师，要保持对党的教育事业的忠诚、热爱，保持对人民福祉的关切，淡泊名利，切实担负起立德树人的使命、责任，围绕学生、关照学生、服务学生，从学生的实际出发，下功夫把知识体系转化为教学体系，进而将教学体系转化为信仰体系。最好的教育是来自教育者的教育。要想推动学生前进，自己一定是能够推动和鼓舞学生前进的人。作为思想政治教育教师一定要有人格的力量，自觉成为所传授知识的第一实践人，为学生"打好样"，改变要求学生"给我上"为"跟我上"。❷

综上所述，学界诸位学者分别对思想政治教育教师的素质做了较全面的概括，主要包括政治素质、道德素质、业务素质、心理素质、创新素质、智能素质等，与此同时各位学者也各有侧重、各有角度，但他们基本达成一致的思想政治教育者素质主要包括政治立

---

❶ 孙其昂. 思想政治教育学前沿研究 [M]. 北京：人民出版社，2013：159.
❷ 曲建武，张晓丹. 着力建设好高校思想政治教育教师队伍 [J]. 中国大学教学，2022 (4)：60 – 65.

场、道德情怀、业务能力三个主要方面,且学者们主张坚定的政治立场是思想政治教育教师的首要素质。基于上述诸位学者观点的分析,笔者以为,结合新时代新环境新要求,对思想政治教育教师的素质,可尝试做如下概括:坚定理想信念与良好道德情操相结合、专业理论与相关知识相结合、丰富的教学内容与灵活的教学方法相结合、扎实的科研与良好的教学相结合等。

一、坚定理想信念与良好道德情操相结合

在当代社会中,教育往往与政治相关联。"只有革命的教育,才是中国需要的教育;只有革命的教育者,才是中国需要的教育者。"[1] 理想信念是人们在实践中形成的、有实现可能性的、对未来社会和自身发展目标坚信不疑并身体力行的向往与追求,是人们的世界观、人生观和价值观在奋斗目标上的集中体现。它具有时代性、实践性、超越性、执着性和多样性,是人们实现人生价值理想的强大精神动力和心理支撑。作为思想政治教育教师,坚定的马克思主义理想信念是最重要的素质。思想政治教育是我们中国共产党独创的,其主要任务就是进行马克思主义主流意识形态教育,用马克思主义世界观、人生观和价值观分析和解决问题。那么,作为思想政治教育教师,自己都不信马克思主义,如何能让学生相信呢?如果自己都没有坚定且持久的马克思主义理想信念,如何让学生在认知、情感、意志、信念和行为上与马克思主义理论产生强大的心灵契合

---

[1] 中央教育科学研究所. 杨贤江教育文集 [M]. 北京:教育科学出版社,1982:79.

呢？凯兴斯泰纳认为："每一个教育者都是一个心灵的拯救者。"❶对于思想政治教育教师来讲，这一点尤为重要，他们要用马克思主义理论、中国特色社会主义理论武装学生头脑，综合运用马克思主义强大的理论魅力、教师科学的教学方法和人格魅力，使学生真正树立起对马克思主义理论的强烈崇拜和强大的求知欲，正如凯兴斯泰纳所说："有实践经验的教育家，在实现对他人的教育价值上，不是依赖于同情与爱心，而是依赖于科学的爱心，依赖于一种理论的兴趣。"❷ 基于此，坚定的理想信念是思想政治教育教师深化理论学习、提升业务技能、强化责任担当的首要素质。

列宁指出："没有'人的感情'，就从来没有，也不可能有人对于真理的追求。"❸ 苏霍姆林斯基也指出："真正的教育能手必有真正丰富的情感。"❹ 思想政治教育教师除了要有好的马克思主义理论修养、专业素养之外，还要有高尚的人格修为，有"铁肩担道义"的社会责任感。具体表现为以下几方面：

一是尊重学生。苏霍姆林斯基指出："每一位教师不仅是教书者，而且是教育者……共同的智力的、道德的、审美的、社会的和政治的兴趣把我们教师中的每一个人都跟学生结合在一起。"❺ "只有教师关心学生的人的尊严感，才能使学生通过学习而感受到教育。

---

❶ 凯兴斯泰纳教育论著选 [M]. 郑惠卿, 选译. 北京：人民教育出版社, 2004：135.

❷ 凯兴斯泰纳教育论著选 [M]. 郑惠卿, 选译. 北京：人民教育出版社, 2004：125.

❸ 中共中央马克思恩格斯列宁斯大林著作编译局. 列宁全集：第20卷 [M]. 北京：人民出版社, 1988：255.

❹ B. A. 苏霍姆林斯基. 给教师的建议 [M]. 杜殿坤, 译. 北京：教育科学出版社, 1984：421.

❺ B. A. 苏霍姆林斯基. 给教师的建议 [M]. 杜殿坤, 译. 北京：教育科学出版社, 1984：429-430.

教育的核心，就其本质来说，就在于让儿童始终体验自己的尊严感：我是一个勤奋的脑力劳动者，是祖国的好公民，是父母的好儿女，是一个有着高尚的志趣、激情和不断取得进步的完美的人。"❶ 因而，思想政治教育教师要尊重每一个学生个体，把马克思主义基本理论的阐述传授同解决学生的现实思考、人生追问、实际需要和思想困惑紧密结合起来，让学生感知到马克思主义理论对解决世界难题、社会现实、人生思考、价值追求等的感召力和实用性，感受到马克思主义理论的科学性、真理性和现实性，切实地引导和解决学生多方面的学习和人生的现实问题。

二是研究学生。苏霍姆林斯基认为："教育者应当深刻了解正在成长的人的心灵。"❷ "教师不仅在把自己的知识传授给儿童，而且也是儿童的精神世界的研究者，是在复杂的脑力劳动过程和人的个性形成过程中从事一些研究工作。"❸ "教师的劳动就是一种真正的创造性劳动，它是很接近于科学研究的。"❹ 这些都在说明，教师是一项研究工作，学生及其思想认知和行为表现是教师的主要研究对象。因而，作为思想政治教育教师，应当深入研究学生的时代新特征、新需求、新变化，贴近学生，了解学生的所思、所想，用学生喜闻乐见的方式方法，激发学生对马克思主义理论学习与研究的兴趣，从中感受马克思主义理论的独特魅力。

---

❶ B. A. 苏霍姆林斯基. 给教师的建议 [M]. 杜殿坤，译. 北京：教育科学出版社，1984：324.
❷ B. A. 苏霍姆林斯基. 给教师的建议 [M]. 杜殿坤，译. 北京：教育科学出版社，1984：101.
❸ B. A. 苏霍姆林斯基. 给教师的建议 [M]. 杜殿坤，译. 北京：教育科学出版社，1984：498.
❹ B. A. 苏霍姆林斯基. 给教师的建议 [M]. 杜殿坤，译. 北京：教育科学出版社，1984：498.

三是爱学生。英国教育家罗素曾说："爱是良性品性的精髓。"❶爱是教育的原动力。思想政治教育教师只有用爱、用生命对待学生，才能尊重学生、关心学生，把最好的给学生，想学生之所想，思学生之所思，做学生之所需，对学生的教诲"只有用生命编织的，从心底里流出来的歌，才动听，才感人，才会如清澈明净的泉水叮叮咚咚流入学生的心田"❷，才能与学生产生思想上、情感上乃至灵魂上的共鸣。正所谓"亲其师信其道"，真正爱学生，学生才更易接受教诲和引导，而学生恰恰久久怀念的也正是"那些以坦率态度和慈善心肠对待他们的教师"❸。

四是理解学生。凯兴斯泰纳认为："内在价值与亲和力越大，移情的条件就越好。移情作用越强烈，本身灵魂同他人灵魂的共振就越强。"❹ 帕克·帕尔默也指出："精巧的技术手段固然有助于心理医生了解患者的病情，但有效的心理治疗必定起始于能跟患者知心交心的心理医生。"❺ 因此，作为进行思想观念、道德规范和政治观念教育和引导的教师，应当与学生"每时每刻都在进行心灵的接触"❻，有言为士则、行为世范的自觉，以良好的品行和模范行为影响和带动学生，设身处地关爱学生，因材施教引导学生，把自己的温暖和情感倾注到每一个学生身上，让每一个学生都健康成长，让每一个孩子都有人生出彩的机会。

---

❶ 罗素. 罗素论教育 [M]. 杨汉麟, 译. 北京：人民教育出版社, 2009：126.

❷ 于漪. 教育魅力 [M]. 上海：华东师范大学出版社, 2013：124.

❸ 巴班斯基. 教学教育过程最优化 [M]. 吴文侃, 译. 北京：教育科学出版社, 2001：22.

❹ 凯兴斯泰纳教育论著选 [M]. 郑惠卿, 选译. 北京：人民教育出版社, 2003：135.

❺ 帕克·帕尔默. 教学勇气：漫步教师心灵（20 周年纪念版）[M]. 方彤, 译. 上海：华东师范大学出版社, 2020：36.

❻ B. A. 苏霍姆林斯基. 给教师的建议 [M]. 杜殿坤, 译. 北京：教育科学出版社, 1984：323.

五是共情于学生。陶行知先生指出："我们最注重师生接近，最注重以人教人。教职员和学生愿意共生活，共甘苦。要学生做的事，教职员躬亲共做；要学生学的知识，教职员躬亲共学；要学生守的规矩，教职员躬亲共守。我们深信这种共学、共事、共修养的方法，是真正的教育。师生有了共甘苦的生活，就能渐渐的发生相亲相爱的关系。教师对学生，学生对教师，教师对教师，学生对学生，精神都融洽，都要知无不言，言无不尽。一校之中，人与人的隔阂完全打通，才算是真正的精神交通，才算是真正的人格教育。"❶ 只有与学生产生共情，学生才能与教师交往舒心，才能敞开心扉、无所不谈，才能与学生亦师亦友，学生才能从中受益良多。作为思想政治教育教师，"居善地，心善渊，与善仁，言善信，正善治，事善能，动善时"❷，做学生学习的教育者、生活的导师和道德的引路人，自觉树立起坚定的马克思主义理想信念，与此同时用良好的品行和人格魅力引导和教育学生树立马克思主义世界观、人生观和价值观，引导学生用马克思主义的立场、观点和方法分析、思考和认识当代世界和中国。

二、专业理论与相关知识相结合

　　苏霍姆林斯基认为："潺潺小溪，每日不断，注入思想的大河……如果你想有更多的空闲时间，不至于把备课变成单调乏味的死抠教科书，那你就要读学术著作……一些优秀教师的教育技巧的

---

　　❶ 董宝良. 陶行知教育论著选 [M]. 北京：人民教育出版社，2015：150.
　　❷ 李耳. 道德经 [M]. 邱岳注，评. 北京：金盾出版社，2009：23.

提高，正是由于他们持之以恒地读书，不断地补充他们的知识的大海。"❶ 知识是基础。全面的知识结构是教师教书育人的看家本领和职业底气。

2019年3月，习近平总书记在同学校思想政治理论课教师座谈会上指出："讲好思政课不容易，因为这个课要求高……思政课教学涉及马克思主义哲学、政治经济学、科学社会主义，涉及经济、政治、文化、社会、生态文明和党的建设，涉及改革发展稳定、内政外交国防、治党治国治军，涉及党史、国史、改革开放史、社会主义发展史，涉及世界史、国际共运史，涉及世情、国情、党情、民情，等等。这样的特殊性对教师综合素质要求很高……只有不断备课、常讲常新才能取得较好教学效果。"❷ 由此可见，思想政治教育涉猎经济、政治、文化、生态、国防、外交、形势政策、党的领导等方方面面，这就在相当程度上要求思想政治教育教师也需要具备全方面的知识体系和结构，既要深谙马克思主义经典理论，也要熟知哲学、教育学、政治学、社会学、心理学、历史学等相关哲学社会科学领域的知识。具体分析如下：

一是要有扎实深厚的马克思主义理论功底。苏霍姆林斯基认为："为了成为一个真正的教育者，就必须在整个一生中努力掌握科学共产主义的理论，用马克思列宁主义世界观的精神教育自己。请你记住，要学会用一个共产主义的眼光看待世界和看待人，是需要长年累月地学习的……首先学习用共产主义者的观点来看待世界和看待

---

❶ B. A. 苏霍姆林斯基. 给教师的建议 [M]. 杜殿坤，译. 北京：教育科学出版社，1984：7.
❷ 习近平. 思政课是落实立德树人根本任务的关键课程 [N]. 人民日报，2020-09-01.

人。"❶ 作为思想政治教育教师，熟读并深谙马克思主义基本原理是看家本领，要学习掌握完整的马克思主义理论，包括马克思主义哲学、马克思主义政治经济学和科学社会主义三大组成部分，以及马克思主义理论产生和诞生的思想来源和中国化的马克思主义等，全面掌握毛泽东思想、邓小平理论、"三个代表"重要思想、科学发展观以及习近平新时代中国特色社会主义思想等，且在全面掌握上述基本理论的基础上，学会融会贯通、举一反三，提炼马克思主义理论、中国化时代化马克思主义理论的科学内涵和精神实质，以及在教学和研究中学会运用马克思主义基本原理、中国化时代化马克思主义解决中国乃至世界范围内的现实问题，做到理论联系实际，活学活用马克思主义理论。

二是全面掌握其他相关学科知识。全面的知识结构是教师弥足珍贵的重要素质。苏霍姆林斯基指出："读书，读书，再读书——教师的教育素养正是取决于此。"❷ 鉴于思想政治教育的特殊性，作为思想政治教育教师，除了熟谙马克思主义基本原理，也要熟悉包括毛泽东思想、邓小平理论、"三个代表"重要思想、科学发展观、习近平新时代中国特色社会主义思想在内的马克思主义理论知识、中国革命的理论知识、中国特色社会主义实践知识、当代世界经济政治与国际关系知识；以爱国主义为核心内容的中华民族爱国主义传统知识、中国近现代史知识、中国国情知识、民族团结知识、国防教育和国家安全知识等方向知识。还有民主法治知识，人生观知识、道德品质知识、学风知识、劳动知识、审美知识、心理健康知识、

---

❶ B. A. 苏霍姆林斯基. 给教师的建议 [M]. 杜殿坤，译. 北京：教育科学出版社，1984：99-100.
❷ B. A. 苏霍姆林斯基. 给教师的建议 [M]. 杜殿坤，译. 北京：教育科学出版社，1984：423.

生态文明知识等方面知识。与此同时，思想政治教育教师也要树立终身学习的理念，根据时代特征、社会任务、教育需求的变化而与时俱进，及时学习理论创新，广泛吸收相关学科知识，不断完善丰富自身的理论功底和文化修养。

三、丰富的教学内容与灵活的教学方法相结合

内容与方法是思想政治教育学科中的重要范畴之一。方法以内容为基础，而内容需要方法来承载，只有方法合适，内容才能得以有效呈现。苏联著名教育家巴班斯基曾指出："教学最优化，要求教师备每一节课都应依据教学规律和教学原则，创造性地选择研究新课题的最好方案，在组织课堂教学时，不应千篇一律，公式化，一成不变，不可夸大个别方法和形式作用，不要平均使用所有的方法和形式，而应当找出该情况下各种方法和形式的最好结合方案。"[1]由此，在思想政治教育学科中，应当做到具体问题具体分析，教学方法因事而化、因时而变，"如果要拟定一张包治百病的药方，或者一个适用于一切情况的共同准则……那是很荒谬的。为了能够分析和考察各个不同的情况，应该在肩膀上长着自己的脑袋"[2]，教师应根据一定的教学内容，结合受教育者的身心发展特征、知识水平、生活阅历、语言特征、兴趣爱好，选择适宜得当的教学方法，把道理讲深、讲透、讲活，引导学生要用心悟，达到沟通心灵、启智润心、激扬斗志的目的。作为思想政治教育教师不仅是宣讲真理，也

---

[1] 巴班斯基. 教学教育过程最优化 [M]. 吴文侃, 译. 北京：教育科学出版社, 2001：29.

[2] 列宁全集：第31卷 [M]. 北京：人民出版社, 1959：50.

是在跟青年学生娓娓谈心。教师先提出问题,邀请青年学生一起对这些问题,结合理论、现实、形势发展进行充分的讨论和分析思考,做到"为学生指出各个事物的内部倾向、它们相互之间的关系和联系,从而使他们的认识朝着越来越高度的普遍性和思想性上升"❶。

思想政治教育方法要注重理论联系实际。"养成积极应用某个原理的习惯,才是真正地拥有智慧"❷。思想的转化以实践为载体,思想的形成以现实为目标。在古今中外的教育发展史上,无一例外地彰显着理论与实际相联系的必然性。《礼记》曰:"不学操缦,不能安弦;不学博依,不能安《诗》;不学杂服,不能安礼。不兴其艺,不能乐学。"(《学记》)。即是说,不练习好缦乐,就落实不了学乐的任务;不学习好声律,就落实不了学《诗》的任务;不服习好洒扫沃盥等劳役,就落实不了学礼的任务。亚里士多德曾指出:"任何职业、艺术、科学,凡是足以使自由民的身体、灵魂、心理不适应于实践或无法运用其德行者,即为鄙俗的。"❸ 苏霍姆林斯基也曾指出:"人掌握知识的目的,就在于把知识通过某种形式在生活中加以运用,并在它与人们的道德的、劳动的、社会的、审美的相互关系中,以在教学过程中所形成的信念作为自己行动的指南。"❹ 转化为现实力量,才是理论的最终归宿。基于此,思想政治教育教师应当注重理论与实际相结合,学理论不是为了学习而学习,而是要运用一定方式方法,通过知情意信行的一系列内化外化过程,最终转化为人们高尚的思想、实际的行动和崇高的追求。

---

❶ 福禄培尔. 人的教育 [M]. 孙祖复,译. 北京:人民教育出版社,1991:92.
❷ 怀特海. 教育的目的 [M]. 庄莲平,王立中,译. 上海:文汇出版社,2012:50.
❸ 张法琨. 古希腊教育论著选 [M]. 北京:人民教育出版社,2007:284.
❹ B. A. 苏霍姆林斯基. 给教师的建议 [M]. 杜殿坤,译. 北京:教育科学出版社,1984:285.

思想政治教育方法要注重个性化和多样性。这是由教育内容和受教育者所决定的。在古今中外的教育发展史上，存在诸多注重学生个体性、方法多样化、方式灵活化的重要思想论述。《学记》中曰："记问之学，不足以为人师，必也其听语乎。力不能问，然后语之，语之而不知，虽舍之可也。"（《学记》）。即是说，只靠一点现学现教的零碎知识来应付学生发问，是不能承担起教师的重任的。要做到针对学生提出的问题进行讲解。只有当学生提出问题又说不出其究竟的时候，教师才开释给他听。要是开释后还不理解，就暂时放在一边，留待以后再开释。巴班斯基也曾指出："教学过程最优化的思想，体现在使现代的课，整个教学过程，尽量注意到学生的个性以及班集体的特点。"❶ "先进的教师善于把全班的、小组的和个别的教学形式结合起来，并考虑到学生的特点这就加强了教学内容对每个学生的教育作用。"❷ 受教育者（学生）是思想政治教育的教育对象。不考虑学生的身心特点、思想认知、个性化需求，思想政治教育的效果就是无效的。因此，作为思想政治教育教师，应充分考察受教育者的思想政治素质状况，从中分析共性和个性的问题，有的放矢、因材施教地开展思想政治教育。

思想政治教育方法的采取要尤为关注青年学生的不断追问和深入思考。罗素指出："我们在现代教育上的目标是将外部的约束减至最低程度。"❸ 学生的灵动性源自教育的灵动性。苏霍姆林斯基也指出："教学和教育的这一方向性体现为：在学生的脑力劳动中，摆在

---

❶ 巴班斯基. 教学教育过程最优化［M］. 吴文侃，译. 北京：教育科学出版社，2001：72.

❷ 巴班斯基. 教学教育过程最优化［M］. 吴文侃，译. 北京：教育科学出版社，2001：103.

❸ 罗素. 罗素论教育［M］. 杨汉麟，译. 北京：人民教育出版社，2009：61.

第一位的并不是背书，不是记住别人的思想，而是让学生本人进行思考，也就是说，进行生动的创造，借助词去认识周围世界的事物和现象，并且与此联系地认识词本身的极其细腻的感情色彩。"❶
"所谓课上的有趣，就是说，学生带着一种高涨的、激动的情绪从事学习和思考，对面前展示的真理感到惊奇甚至震惊；学生在学习中意识和感觉到自己的智慧力量，体验到创造的快乐，为人的智慧和意志的伟大而感到骄傲。"❷ 由此，在思想政治教育中，教师是"与人的思想打交道……激发学生的求知欲，提升其判断力，锻造其对复杂环境的掌控能力，使学生能够运用理论知识对特殊事例做出预见……"❸ 帮助和引导青年学生学会运用马克思主义理论分析、阐释和解决现实问题，增强问题意识，充分调动学生的学习积极性和主动性，营造师生间交流互动的教学氛围，最大程度地实现思想政治教育效果的最优化。

四、扎实的科研与良好的教学相结合

20世纪60年代中期，英国著名课程专家斯滕豪斯提出"教师即研究者"的论断，"如果没有得到教师这一方面对研究成果的检验，那么就很难看到如何能够改进教学，或如何能够满足课程规划。如果教学要得到重大的改进，就必须形成一种可以是老师接受的，并

---

❶ B.A.苏霍姆林斯基. 给教师的建议 [M]. 杜殿坤，译. 北京：教育科学出版社，1984：23.
❷ B.A.苏霍姆林斯基. 给教师的建议 [M]. 杜殿坤，译. 北京：教育科学出版社，1984：62.
❸ 怀特海. 教育的目的 [M]. 庄莲平，王立中，译. 上海：文汇出版社，2012：9-10.

有助于教学的研究传统。"❶ 因此，思想政治教育教师要按照习近平总书记所提出的"思维要新""视野要广"的要求，坚持教学与科研两手抓两手硬，以科研成果反哺课堂教学，形成教学科研良性互动。

为学之道，必本于思。作为思想政治教育教师，需要持续深入学习马克思主义理论，进一步夯实理论功底、提高理论素养，密切关注马克思主义理论在当代的发展，勇于站在知识发展前沿，刻苦钻研、严谨笃学，不断充实、拓展、提升自己。研读马克思主义经典，既是思想政治教育教师不断夯实理论基本功的唯一捷径，也是逐渐提升教学素质的首要前提。理论不彻底，就难以服众。在经典中感受伟人的博大情怀，领略马克思主义理论的科学深邃，夯实自身理论功底，提升个人理论修养，如此才能将马克思主义理论在课堂中讲清楚、说明白，做到以透彻的理论分析引导学生，以强大的真理力量说服学生，不断提升学校思政课教学的吸引力、感染力、说服力，如此学生才会从中感受真性情、学到真东西、增强获得感。

"你想让你的老师充满想象力吗？那么，鼓励他们去研究探索吧。"❷ 学者未必是良师，良师必定是学者。求真务实、孜孜不倦的学术研究也是提升教学水平的重要途径。习近平总书记强调，教师应注重潜心问道与关注社会相统一。只有潜心马克思主义基本理论，注重马克思主义基本理论与当前国内外重大现实问题相结合，加强马克思主义基本理论的现实解释力，不断提升科研能力，才能将思政课讲深、讲透，学生才能入心、入脑，在思政课上有获得感。基

---

❶ 于漪. 教育魅力：青年教师成长钥匙［M］. 上海：华东师范大学出版社，2013：15.

❷ 怀特海. 教育的目的［M］. 庄莲平，王立中，译. 上海：文汇出版社，2012：132.

于此，高校思政课青年教师应当善于把学术背景与时代发展紧密结合，选择自身的研究方向，找到个人的研究兴趣，树立"根据地"意识，明确自己的研究领域，并潜心研究、久久为功，增强学科自信。总之，思想政治教育教师要有"望尽天涯路"的追求，耐得住"昨夜西风凋碧树"的清冷和"独上高楼"的寂寞，即便是"衣带渐宽"也"终不悔"，即便是"人憔悴"也心甘情愿，最后达到"众里寻他千百度。蓦然回首，那人却在，灯火阑珊处"的境界。

综上所述，思想政治教育教师各方面素质是相互影响、相互促进、相辅相成，从而构成思想政治教育教师整体综合素质。思想政治教育教师只有具备综合性、整体性的素质结构，才能完成党和人民赋予的铸魂育人的崇高使命，忠实地履行好教书育人的职能。

第二节　思想政治教育教师的职责

教育者在德育过程中承担何种职责，是教育思想史上有争论性的问题，主要有下列几种观点：道德权威说、价值中立说、文化协调说、结构促动说。❶ 一是道德权威说。这一观点重视教育者在德育过程中的主导作用、权威地位。突出了教育者在德育活动中的主导、指引作用，但在某种程度上忽视了受教者的独立思考、判断和选择的积极主动性，既不利于受教者抵制非主流社会思潮的诱惑力，也不利于社会道德文明的进步与发展。二是价值中立说。1966 年《价值与教学》的出版代表着 20 世纪美国最有影响的道德教育理论流派

---

❶ 陈万柏，张耀灿. 思想政治教育学原理［M］. 2 版. 北京：高等教育出版社，2007：151-152.

之一——价值澄清学派的诞生。该理论强调，在价值多元、变化不居的社会形势下发展儿童的道德意识，注重儿童在品德发展中的主体地位，重视培养其道德判断和选择能力。具有一定的合理性，但其一贯强调在价值教育中不可进行"道德说教"，他们极力反对任何专制的、灌输的价值教育方法是其不足之处。三是文化协调说。该观点主张教育者的作用在于使人的价值受纳性和创造性完整地统一起来，使受教育者既成为社会已有文化的继承者，又成为先进价值观念的创造者。四是结构促动说。这一观点认为，人的道德发展是内部结构的不断改组、从低级向高级发展的过程。教育者是道德结构发展的促动者，精神助产士。

思想政治教育教师的职责是指思想政治教育教师在思想政治教育过程中所承担的责任和所应发挥的作用。作为思想政治教育活动的组织者、实施者，思想政治教育教师在思想政治教育过程中始终居于主导地位，发挥主导作用，且随着历史的发展和进步，其职责日益从单一职责向复杂综合、相互协调职责发展。习近平总书记指出，思想政治工作从根本上说是做人的工作，必须围绕学生、关照学生、服务学生，不断提高学生思想水平、政治觉悟、道德品质、文化素养，让学生成为德才兼备、全面发展的人才。[1] 思想政治教育教师的基本职责就是立德树人，在思想政治教育的组织、实施与管理活动中，引导受教育者树立国家的核心价值观，树立与国家发展、社会进步相一致的理想信念，培育爱国情怀、拼搏精神，促使公民个人的政治社会化，使个人的理想信念、人生价值的实现同时代相

---

[1] 习近平. 把思想政治工作贯穿教育教学全过程 开创我国高等教育事业发展新局面 [EB/OL]. (2016 - 12 - 09) [2024 - 04 - 28]. 中国共产党新闻网. http：//cpc. people. com. cn/n1/2016/1209/c64094 - 28936173. html.

呼应、与国家共进步、同人民共发展。具体地说，思想政治教育教师的主要职责有立德树人、价值引领、理论教育和组织管理等。

一、立德树人

德者，本也。国无德不兴，人无德不立。立德树人是中华民族的优秀文化传统。在中华民族五千年的文明发展中，建构了一套成熟的道德价值体系，形成了从个人、家庭、国家到宇宙的道德规范体系和道德准则要求，正如《大学》所讲：格物、致知、诚意、正心、修身、齐家、治国、平天下。在古代中国，正直的士大夫阶层中的传统知识分子以仁为本、忠恕至上，始终坚守着"诚意正心、修身齐家治国平天下"的高尚情怀。

培养什么人、如何培养人，始终是党和国家教育的根本问题，也是人才实现全面发展的关键所在。新中国成立以来，在我们党的教育方针中，始终强调实现人的德智体美劳全面发展，也始终把德育放在首位。毛泽东同志曾指出："我们的教育方针，应该使受教育者在德育、智育、体育几方面都得到发展，成为有社会主义觉悟的有文化的劳动者。"❶ 邓小平在1978年全国教育工作会议上指出："应该使受教育者在德育、智育、体育几方面都得到发展，成为有社会主义觉悟的有文化的劳动者。"❷ 1982年，《中华人民共和国宪法》第46条规定："国家培养青年、少年、儿童在品德、智力、体质等

---

❶ 毛泽东. 毛泽东同志论教育工作［M］. 北京：人民教育出版社，1992：258.
❷ 邓小平. 在全国教育工作会议开幕式上讲话［EB/OL］.（2016-09-09）［2024-04-28］. 中国共产党新闻网. http://cpc.people.com.cn/n1/2016/0909/c69113-28702564.html.

方面全面发展。"❶ 1995 年,《中华人民共和国教育法》第 5 条规定:"教育必须为社会主义现代化建设服务、为人民服务,必须与生产劳动和社会实践相结合,培养德智体美劳全面发展的社会主义事业的建设者和接班人。"❷ 2002 年,党的十六大报告指出:"坚持教育为社会主义现代化建设服务、为人民服务,与生产劳动和社会实践相结合,培养德智体美全面发展的社会主义建设者和接班人。"❸ 党的十七大报告指出:"坚持育人为本、德育为先,实施素质教育,提高教育现代化水平,培养德智体美全面发展的社会主义建设者和接班人,办好人民满意的教育。"❹ 在这里,首次提出"育人为本、德育为先"的教育方针和要求。党的十八大报告则进一步强调:把立德树人作为教育的根本任务,培养德智体美全面发展的社会主义建设者和接班人。❺ 党的十九大报告要求"落实立德树人根本任务"❻,且将"立德树人"定位在"全面发展"之上。党的二十大报告也强调指出:"全面贯彻党的教育方针,落实立德树人根本任务,培养德智体美劳全面发展的社会主义建设者和接班人。"❼ "立德树人"是我们党和国家对全面发展的教育方针的重大发展,也是正确认识教

---

❶ 中华人民共和国宪法 [EB/OL]. [2024-04-28]. 共产党员网. https://www.news.12371.cn/2018/03/21ARTI1521673331685307.shtml.

❷ 中华人民共和国教育法 [EB/OL]. 中华人民共和国教育部网. http://www.moe.gov.cn/jyb-sjzl/sjzl-zcfg/zcfg-jyfl/202/07/t20210730_547843.html.

❸ 江泽民. 全面建设小康社会 开创中国特色社会主义事业新局面——在中国共产党第十六次全国代表大会上的报告 [N]. 人民日报, 2002-11-18.

❹ 胡锦涛. 高举中国特色社会主义伟大旗帜 为夺取全面建设小康社会新胜利而奋斗——在中国共产党第十七次全国代表大会上的报告 [N]. 人民日报, 2007-10-25.

❺ 胡锦涛. 坚定不移沿着中国特色社会主义道路前进 为全面建成小康社会而奋斗——在中国共产党第十八次全国代表大会上的报告 [N]. 人民日报, 2012-11-18.

❻ 习近平. 决胜全面建成小康社会 夺取新时代中国特色社会主义伟大胜利——在中国共产党第十九次全国代表大会上的报告 [N]. 人民日报, 2017-10-28.

❼ 习近平. 高举中国特色社会主义伟大旗帜 为全面建设社会主义现代化国家而团结奋斗——在中国共产党第二十次全国代表大会上的报告 [M]. 北京:人民出版社,2022.

育规律和人才成长规律的最新成果。

"立德树人"具有下列三方面的深刻含义：一是揭示教育的本质，是对教育本质的最新认识。人无德不立。教育的本质是培养人，培养各方面素质全面发展的人。党的十八大以来，把立德树人作为教育的根本任务。正如习近平总书记所指出："人才培养一定是育人和育才相统一的过程，而育人是本。人无德不立，育人的根本在于立德。这是人才培养的辩证法。办学就要尊重这个规律，否则就办不好学。"❶ 二是揭示了德育在学校教育中的突出位置和重要作用。在这里，突出强调德育的重要性，揭示出人德性品质养成的重要性，突出人的各方面素质的全面发展，体现出我们党对人的全面发展的最新要求。三是揭示了道德发展和人的全面发展之间的辩证关系，强调良好道德品性养成是人实现健康成长和全面发展的根本保障，也体现出我们党对人才培养基本规律的深刻认识。

把立德树人作为教育的根本任务，具有鲜明的时代性。随着经济全球化的深入推进、科学技术和社会信息化的发展，人类面临的德性挑战愈加严峻。为了提高我国的文化软实力，建设文化强国，实现社会主义现代化强国建设和中华民族伟大复兴，加强道德建设和核心价值观建设，提高全民族的道德文明素养，已然成为我们教育战线上的一项重大而艰巨的任务。

中国共产党继承发扬中华民族崇德的传统，把立德树人作为教育的根本任务。这其中有着两方面的主要原因：一是立德树人的重要性。"培养什么人"是关系到中国特色社会主义事业后继有人的根本问题。2012年11月，中国共产党第十八次全国代表大会首次提

---

❶ 习近平. 在北京师范大学师生座谈会上的讲话 [N]. 人民日报, 2018-05-03.

出:"全面贯彻党的教育方针,坚持教育为社会主义现代化建设服务、为人民服务,把立德树人作为教育的根本任务,培养德智体美全面发展的社会主义建设者和接班人。"❶ 在这里,立德树人坚持以人为本、德育为先,通过科学正面的教育来引导人、塑造人、发展人,实现人的全面发展。二是复杂深刻的时代背景。面对大发展大繁荣大调整的国际局势,随着日益深入的全球化和区域化的局势发展,世界范围内的文化、思想和价值观之间相互融合和冲突,人们的思想认知也随之呈现出多元化、个性化的特征,享乐主义、个人主义、拜金主义等西方不良社会思潮也逐渐侵蚀中国青年的头脑,如果不能在全社会确立科学坚定的价值观,将不利于中国青年的健康成长和全面发展,也难以承担起中华民族伟大复兴的历史使命和时代任务。基于此,坚持立德树人、坚守青年的思想底线和价值追求,是关系到社会主义现代化建设、中华民族复兴大任。

习近平总书记指出:育新人,就是要坚持立德树人、以文化人,建设社会主义精神文明、培育和践行社会主义核心价值观,提高人民思想觉悟、道德水准、文明素养,培养能够担当民族复兴大任的时代新人。❷ 立德树人是思想政治教育教师的首要职责。思想政治教育教师"不仅是教书者,而且是教育者"❸,与学生集体在精神上的一致性,使其教学过程不单单是传授知识,而是表现为多方面。共同的智力的、道德的、审美的、社会的和政治的兴趣把教师中的每一个人都跟学生结合在一起,以此点燃学生的求知欲和道德信念。

---

❶ 胡锦涛. 坚定不移沿着中国特色社会主义道路前进 为全面建成小康社会而奋斗——在中国共产党第十八次全国代表大会上的报告[N]. 人民日报, 2012-11-08.
❷ 习近平谈治国理政:第3卷[M]. 北京:外文出版社, 2020:312.
❸ B. A. 苏霍姆林斯基. 给教师的建议[M]. 杜殿坤,译. 北京:教育科学出版社, 1984:429.

具体地讲，思想政治教育教师通过传授马克思主义基本原理、新时代中国特色社会主义思想，加强理想信念教育、社会主义核心价值观教育、中华传统优秀文化教育以及劳动教育、实践教育，引导学生养成科学的马克思主义世界观、人生观和价值观，树立爱国情感，养成良好的个性品质等，培养德智体美劳全面发展的中国特色社会主义建设者和接班人，为实现中国式现代化、建设社会主义现代化强国、实现中华民族伟大复兴而奋斗。

二、价值引领

从哲学上讲，价值指的是一定事物、理论所能满足人类某种需要的属性。它内在地包含着真假、是非、美丑、曲直评判的标准，喜欢什么、赞成什么、应该做什么、不应该做什么、朝着什么方向走等，是一个人选择、判断、取舍的内在衡量标准。价值引领，就是引导人们认同和坚持社会主义核心价值观倡导的价值取向。中共中央、国务院印发《关于加强和改进新形势下高校思想政治教育工作的意见》强调"价值引领"的重要性，明确要求"把思想价值引领贯穿教育教学全过程和各环节"，对解决高校"培养什么样的人、如何培养人以及为谁培养人"[1]的根本问题至关重要。

美国著名心理学家罗杰斯认为："教育的真正成功不决定于教育技巧，不是建立在科学内容、课程计划之上的，也不在于视听教具生动有趣的读物上，真正意义上的学习是建立在正确人际关系、态

---

[1] 关于加强和改进新形势下高校思想政治工作的意见［N］. 光明日报，2017-02-28.

度和素养上的。"❶ 教育的对象是社会中一个又一个具体的、现实的个人，其成功就在于培养人具有正确的世界观、人生观和价值观，处在和谐良好的人际关系中，能够更好地融入社会、达到个人与社会的和谐统一。

　　自从人类社会跨入阶级社会的门槛，思想政治教育就以其特殊的方式在人类文明嬗变的历程中演绎着自身的价值逻辑，其在政治统治、阶级斗争、价值主体生命意义的探寻、个人与社会全面发展实现等方面发挥着重要的作用。而作为思想政治教育教师，则通过科学的价值观教育来引导学生实现健康成长和全面发展。《普通高等学校思想政治理论课教师队伍培养规划（2019—2023年）》中指出："广大思政课教师树牢'四个意识'，坚定'四个自信'，坚决做到'两个维护'，用习近平新时代中国特色社会主义思想铸魂育人，贯彻党的教育方针，落实立德树人根本任务，传播知识、传播思想、传播真理，塑造灵魂、塑造生命、塑造新人，努力成为马克思主义理论教育家，培养担当民族复兴大任的时代新人，培养德智体美劳全面发展的社会主义建设者和接班人。"❷ 因此，作为思想政治教育教师，在面对一个又一个鲜活的、灵动的学生个体时，在进行系统的马克思主义理论教育和引导时，"不是毫无热情地把知识从一个头脑里装进另一头脑里，而是师生之间每时每刻都在进行的心灵的接触"❸，注重通过马克思主义世界观和方法论的灌输，经过知、情、意、信、行的过程，使学生于内心中形成科学的思想观念、政治立

---

❶ 于漪. 教育魅力：教师个人成长钥匙［M］. 上海：华东师范大学出版社，2013：171.

❷ 普通高等学校思想政治理论课教师队伍培养规划（2019—2023年）［EB/OL］.（2020－10－06）［2024－04－28］. http://ggx.nnudy.edu.cn/c610/20201006/i20437.html.

❸ B. A. 苏霍姆林斯基. 给教师的建议［M］. 杜殿坤，译. 北京：教育科学出版社，1984：323.

场和道德品质，树立正确的价值取向，能够把个人理想融入社会理想中，在实现个人理想的同时投身到强国建设、民族复兴的伟大时代征程中。总之，思想政治教育教师与学生之间进行着具有明确核心价值导向的精神交往，发挥马克思主义价值观引领作用，自觉运用社会主义核心价值体系分析、辨别和引领经济全球化、政治多极化、社会信息化、文化多样化的社会背景下西方社会思潮和价值观念，积极培育和践行社会主义核心价值观，为实现中华民族伟大复兴的中国梦和自身的全面发展奠定坚实的思想基础。

三、理论教育

理论上清醒，行动上才坚定。理论教育职责指的是思想政治教育教师在思想政治教育过程中具有理论传输和教育引导的功能。马克思主义理论是源于实践且被实践检验了的科学理论，具有先进性、人民性、科学性，对无产阶级的解放和全人类的自由发展具有重大的指导价值。但就思想政治教育教师而言，如果没有扎实的马克思主义理论素养，对马克思主义不真学、不真懂、不真信、不真用，在思想政治教育中"鹦鹉学舌"般地把某些"条条框框"理论传递给学生，而不是从理论发生发展的历史过程中，即从整体性把握理论发展脉络上，把握理论的本质和历史发展，也不能针对重大的社会现实问题和学生的困惑疑问、思想状况、现实需要做针对性的、必要的、全面性的理论研讨，那么，这种缺乏理论联系实际和深厚学术底蕴支撑的空洞说教，不仅难以说服、打动学生，反而会引起学生的思想困惑甚至反感，进而导致思想政治教育的实效性和学生的获得感大打折扣。马克思、恩格斯曾对《新社会》杂志、《未来》

杂志那些缺乏引导无产阶级运动所需的理论素质而自诩为"教育者"的社会改良派们做出如下批评:"他们中的每一个人都不是自己首先钻研新的科学,而宁可按照搬来的观点把这一新的科学裁剪得适合于自己,匆促地炮制自己的私人科学并且狂妄地立即想把它教给别人。所以,在这些先生当中,几乎是有多少脑袋就有多少观点。他们什么也没有弄清楚,只是造成了极度的混乱——幸而机会仅仅是在他们自己当中。这些教育者的首要原则就是拿自己没有学会的东西教给别人。党完全可以不要这种教育者。"[1] 因此,扎实的马克思主义理论基础、良好的马克思主义理论素养是思想政治教育教师的看家本领,应当树立终身学习的理念,在马克思主义理论教学中不断增强其理论底蕴和修养。

就当前而言,思想政治教育教师需要掌握的主要理论内容有:马克思主义理论、毛泽东思想、邓小平理论、"三个代表"重要思想、科学发展观和习近平新时代中国特色社会主义思想以及与思想政治教育学科相关的哲学、教育学、心理学、政治学、史学、伦理学、社会学、管理学、法学、经济学等;除此之外,也要求思想政治教育教师具备广博的人文社会科学知识和一定的自然科学知识,这样才有理论视野、历史视野、国际视野,才能融会贯通地把马克思主义理论体系说清楚、讲透彻,旁征博引、深入浅出地阐述马克思主义基本理论,这也体现出思想政治教育教师素质的专业化、系统性。这一职责是思想政治教育的主要职责,因为正确思想和科学理论是人们实践活动获得成功的前提和保证。习近平总书记在全国教育大会上讲话强调:"教师是人类灵魂的工程师,是人类文明的传

---

[1] 马克思恩格斯全集:第3卷 [M]. 北京:人民出版社,2012:9–10.

承者，承载着传播知识、传播思想、传播真理，塑造灵魂、塑造生命、塑造新人的时代重任。"❶ 因而思想政治教育教师自己要先明道、信道，进而更好地承担起学生健康成长指导者和引路人的重要责任，努力成为先进思想文化的传播者。

理论教育职责还有一个重要的方面就是对思想、理论的解疑释惑。具体地说，就是在思想政治教育过程中破解教育对象的思想疑惑、排解教育对象的思想困惑。世界面临百年未有之大变局，政治多极化趋势继续发展、经济全球化和区域化形势明显，中外思想文化相互激荡，社会主义处于低潮，国际敌对势力对我国加紧实施"和平演变"的战略图谋，与我们争夺青年一代的斗争更加尖锐和隐性，青年学生面临着大量西方社会思潮和价值观的影响和冲击，这些对青年学生的影响不可小觑。从国内形势看，改革开放的全面深化和社会主义市场经济的深入发展，必然会引起青年学生在价值取向、思维方式、人生态度、思想观念、生活习惯、兴趣爱好等方面的一系列变化，对在世界观、人生观和价值观方面尚未成熟的青年学生来说，影响是深远的。一方面，在社会主义市场经济体制下，每个人都是权利和义务相统一的公民个体，这在一定程度上有助于青年学生合作意识、团结意识、奋斗精神、诚信意识、公平意识、独立意识、平等意识的萌生和发展，每个人都可以在不危害整体利益和公共利益的情况下追求、满足个人利益需求，最大限度地实现个体的价值释放和人生意义，实现自身的自由全面发展；另一方面，随着社会主义市场经济体制的深入，当前中国社会也面临着各种各样不容忽视、影响深远的现实问题，多种经济成分并存和多种利益

---

❶ 习近平总书记在全国教育大会上强调. 坚持中国特色社会主义教育发展道路 培养德智体美劳全面发展的社会主义建设者和接班人［N］. 人民日报, 2018-09-11.

群体的出现，反映到文化和思想意识领域，导致多种思想观念的相互碰撞，造成部分社会成员和青年学生的思想困惑，不同程度、不同时期地会出现政治信仰迷茫、理想信念模糊、价值取向扭曲、诚信意识淡薄、社会责任感缺乏、艰苦奋斗精神淡化、团结协作观念较差、心理素质欠佳等问题。基于此，"师者，传道授业解惑也"。思想政治教育教师在理论引导和灌输的同时，一定要具备解疑释惑的能力，一方面引导和教育学生打好扎实的马克思主义理论功底；另一方面，引导学生学会运用马克思主义立场、观点和方法分析看待当代世界和中国社会问题，排解教育对象认知上的困惑，帮助受教育对象用正确的思想方法认识社会现象和问题，增强学生运用理论分析解决实际问题的能力，提高他们的综合素质。

四、组织管理

古往今来，在形形色色的教育教学活动中，教育方针能否贯彻，培养目标能否实现，教师始终起着至关重要的主导作用。关于职责，思想政治教育教师除了最基本的立德树人、价值引领、理论教育职责之外，组织管理在思想政治教育活动中也发挥着至关重要的作用。组织管理职责，指的是思想政治教育教师根据一定任务或目标，精心设计计划，并能恰当地组织有关人员和单位去管理、实施计划。作为思想政治教育教师，因其学科的特殊性，其身份也有多重性，"不仅是自己学科的教员，而且是学生的教育者、生活的导师和道德的引路人"[1]。因而，思想政治教育教师的组织管理职责，包括课

---

[1] B. A. 苏霍姆林斯基. 给教师的建议 [M]. 杜殿坤, 译. 北京：教育科学出版社，1984：101.

堂教学管理、课程实践活动管理、教育体制机制管理等，均在某种程度上影响和制约着思想政治教育活动的正常开展和教育的实效性。

一是课堂教学管理。关于课堂教学管理，思想政治教育教师应做到以下几点：第一，要进行教学准备，其中包括要善于发现问题，针对普遍存在、大量发生的社会问题，人们的思想、行为和工作问题，需要进行深入的调查研究，全面规划、科学决策；针对有些人的思想认识、行为表现问题，需要仔细分析，制订出具体的思想政治教育方案。确定思想政治教育目标是关系整个思想政治教育活动的关键因素，必须审慎地加以确定。除了要切实针对人们思想、行为方面存在的问题，还要深刻领会和把握社会发展要求以及党和国家的奋斗目标，全面把握教育对象的精神需求和实际思想状况，制订思想政治教育方案。目标确定之后，需要制订相应的行动计划，以便有效地组织各方面力量开展思想政治教育，以解决思想政治教育工作中人们思想、行为方面的问题，实现思想政治教育目标。第二，开展信息交流。在做出决策、确定目标之后，思想政治教育教师与教育对象就进入思想政治教育的实施阶段，这是思想政治教育过程的中心环节。这一过程的实质就是，思想政治教育教师主动传递信息和教育对象自主选择接受信息两个方面。在信息交流阶段，思想政治教育教师向教育对象主动传递各种价值观念、政治观点、道德规范，教育对象通过自身思想、心理的矛盾运动，对教育对象的教育活动做出反映，有选择地学习、接受这些内容。第三，理论内化。所谓理论内化，是指思想政治教育教师在外界客观环境的影响下，按照社会主流思想要求和受教育者的身心发展特征，有目的、有计划、有组织地传递思想政治教育内容信息，引导学生进行自主学习、自主选择、自主建构，这一建构的过程就是理论内化。一般来讲，在心理要素上通常会经过知、情、意、信、行的发展演变过程。即是说，理论内化，并非增强理论认知，而是要在科学全面认知的基础上，经过情感共鸣、意志坚定，进而形成一种深信不疑、身体力行的信念，再转化为长期且稳定的行为。正如习近平总书记指出："把学习成果转化为提升党性修养、思想境界、道德水平的精神营养，做到真学真懂真信真用，在成功和顺境时不骄傲不急躁，在困难和逆境时不消沉不动摇，牢牢占据推动人类社会进步、实现人类美好理想的道义制高点。"❶ 理论内化，从其过程来看，包括思想政治教育教师"教"和受教育者"学"的双重互动过程。一方面，思想政治教育教师既应当注重传递理论信息内容的科学性、全面性、系统性和透彻性，也要注重引导和调动受教育者学习理论的自觉性和主动性，注重通过理论讲授、理论研讨、社会实践、调查研究等方式推动理论知识在知、情、意、信、行上的一系列转变和深化，促使受教育者在一种主动的状态中实现从不知到知、从知到信的转变，从而提高思想理论水平，发展思想政治素质。另一方面，受教育者保持良好的、积极的心态，产生乐于接受教育、提高自身道德修养的动机，对思想政治教育教师持有尊重、信任的态度，对其所传授的思想理论、价值原则、行为规范等思想政治教育信息要敢于质疑，在思考、研讨和求真中，做到真懂、真信、真用。如此，才能真正实现内化。第四，外化应用。思想政治教育在解决人们知与行的问题上，不仅要注重知情意信行的理论内化，更要注重理论的外化，即把个体的思想品德外化到人们的日常生活、学习和工作

---

❶ 习近平谈治国理政：第2卷 [M]. 北京：外文出版社，2017：35.

中。作为思想政治教育教师,应当善于根据受教育者的思想状况,提出行为要求,激发行为动机,指导行为选择,并在反复行动的过程中养成良好的行为习惯。第五,反馈调控。所谓反馈调控,是指根据系统过去的运行情况和现实状态对系统未来的运行进行调整。在思想政治教育活动中,受教育者总是要以各种形式对教育者的教育影响做出一定的反馈,从心理活动、思想认识和行为表现方面体现出来。通过反馈,思想政治教育者可以了解受教育者在思想政治教育活动中的实际状况和接受教育的效果。基于此,思想政治教育教师应当收集和分析各种反馈信息,包括受教育者在思想政治教育活动中表现出来的心理状态、思想认知、价值选择、行为规范等,从中掌握受教育者对马克思主义理论、思想政治教育理论的知晓程度、理解程度、认同程度和践行情况,进而把这些信息与思想政治教育活动目标进行比对,及时发现思想政治教育过程中既有教育成果、存在的困境难题,比较清楚全面地掌握思想政治教育任务和目标的实现情况。

二是组织活动管理。思想政治教育不仅有理论活动,也寓于丰富多彩的实践活动中。因而,思想政治教育教师也要在组织教育活动中发挥好组织管理这一职责。在这里,思想政治教育活动主要有理论学习、社会调查、参观访问、志愿服务、劳动教育、文体活动等,也有与受教育者一对一的沟通交流、谈话交心、教育引导等。通过这些实践形式,思想政治教育者对受教育者施加影响,使之能够在亲身体验中感受中国社会发展的新变化、新趋势,不断提升受教育者的思想道德素质。

第三节　思想政治教育教师的素质创新与职责优化

中国特色社会主义进入新时代以来,面对世界未有之大变局和中国社会教育发展状况,紧紧锚定党和国家重大战略需求,加速推动教育、科技、人才深度融合,认真应对和回答"强国建设、教育何为"的时代课题,坚定落实立德树人根本任务,持续促进学生德智体美劳全面发展。根据2024年1月11日召开的全国教育工作会议精神指示,新时代中国特色社会主义教育事业发展的主攻方向和战略布局是:一是牢牢把握教育的政治属性,更加突出从国家利益的大政治上看教育,坚定不移培养社会主义建设者和接班人。二是牢牢把握教育的战略属性,更加突出从教育、科技、人才一体推进的大战略上办教育,坚定不移服务社会主义现代化强国建设。三是牢牢把握教育的民生属性,更加突出从经济社会发展的大民生上抓教育,坚定不移促进发展成果更多更公平惠及最广大人民群众。❶基于这一时代背景和要求,作为充分体现中国特色社会主义教育政治性和战略性的思想政治教育事业,更应当紧跟时代发展脉搏,发挥好思想政治教育在把握教育发展的社会主义方向上的作用,发挥好回应和解答"强国建设、民族复兴"时代课题上的战斗堡垒作用,发挥好教育在提升国民思想道德素质、促进人的自由全面发展的"生命线"作用。

---

❶ 怀进鹏. 2024年全国教育工作会议召开［N］. 中国教育报,2024-01-11.

2024年1月11日的全国教育工作会议指示，以教育家精神为引领强化高素质教师队伍建设。大力弘扬践行教育家精神，拓展教师队伍培养培训新思路，推进教师资源配置优化和管理制度改革，营造尊师重教、尊师重道社会风尚，以教师之强支撑教育之强。❶ 基于此，教师应当秉持躬耕态度，弘扬教育家精神，坚持与时俱进，转变教育观念，把握机遇，迎接挑战，时刻秉持勤学笃行、求是创新的态度，做知行合一的引路人、守正创新的践行者，这既能有效应对大数据时代教育背景下教育教学方式、学生学习、人才培养等诸多方面发生的改变，也服务于推动学生的全面发展，为国家培养高质量人才，推动实现强国建设、民族复兴。

在思想政治教育中，教师的素质和职责与思想政治教育的实效性和学生的获得感紧密相关。一支综合素质高、职业使命感强的思想政治教育教师队伍是思想政治教育效果的基础保障。试想，如果有全面的政策支持、先进的教育手段，也有优越的教育环境，但没有一支综合素质过硬的思想政治教育教师队伍，没有能够将这些教育政策、教育手段、教育环境等要素整合起来的人力资源，思想政治教育在落实立德树人根本任务中的关键性和不可替代性将无从保障。

一、思想政治教育教师素质与职责的关系

我们说，思想政治教育教师的素质和职责是一对相互作用、相互促进的重要范畴。思想政治教育教师的素质是完成教书育人任务

---

❶ 怀进鹏. 2024年全国教育工作会议召开［N］. 中国教育报，2024-01-11.

的基本保障，思想政治教育教师的职责是推动思想政治教育实现守正创新的重要支撑。思想政治教育素质的完善与发展，能够直接影响并推动思想政治教育教师职责的扩展和实现，而思想政治教育教师职责的完成，也会潜移默化地提升思想政治教育教师的全面素质。因此，我们说，思想政治教育教师的素质和职责是相辅相成、密不可分的。

一是思想政治教育教师的素质是思想政治教育职责实现的基本保障。如前文所述，一般来讲，思想政治教育教师的素质包括"坚定理想信念与良好道德情操相结合""专业理论与相关知识相结合""丰富的教学内容与灵活的教学方法相结合""扎实的科研与良好的教学相结合"，基本涵盖思想政治教育教师的政治素质、业务素质、道德素质等，这些素质系统结构的完整和提升，能够帮助思想政治教育教师更好地完成立德树人、价值引领、理论教育、组织管理等任务和职责。即是说，思想政治教育教师的素质与职责之间存在紧密的内在逻辑关系。从政治素质来讲，一个具有坚定马克思主义信仰的思想政治教育教师，在课堂教学和科学研究中才能有底气地、声情并茂地讲好、传播好马克思主义理论，做好社会主义核心价值引领工作，更好地实现思想政治教育"立德树人、强国建设"的时代使命；从业务素质来讲，全面的知识结构、较强的教学和研究能力，对于推动思想政治教育教师完成理论教育职责、培养新时代好青年具有重要的现实意义；从道德素质来讲，思想政治教育教师能够做到爱岗敬业、重道爱生，树立以学生为中心的教育理念，想学生之所想，急学生之所急，体学生之所需，做学生之所求，注重培养学生理论学习的积极性、主动性和创造性，尊重学生、爱护学生，能够和学生打成一片，做学生的良师益友。如此这样，思想政治教育教师的组织管理任务才能更好地完成。基于上述分析，思想政治教育教师素质结构体系的日臻完善和全面提升，对于思想政治教育教师履行业务职责、推动思想政治教育完成"立德树人、强国建设"的时代任务具有基础性、现实性的价值意义。

二是思想政治教育教师职责履行是思想政治教育素质提升的有效途径。古人说，坐不可论道，德不可空谈。任何道德、素质的培养都基于踏踏实实的实践。就思想政治教育教师来讲，其素质的日臻完善和全面提升，只能在思想政治教育教师履行教育职责的过程中逐渐生成、检验与发展。首先，思想政治教育教师素质在思想政治教育教师履行职责中逐渐生成。素质的养成不是一蹴而就的。随着时代的发展、社会的进步，人们对思想政治教育教师的素质要求也会逐步提高。尤其是大数据时代的到来，创新意识、网络技术、获取信息的能力与速度对思想政治教育教师在素质上提出了更高、更新、更多的要求。特别是对于刚刚步入职场的青年思想政治教育教师来讲，全面素质的养成，更是离不开对于教育职责的履行与完成。其次，思想政治教育教师的素质在思想政治教育教师履行职责中得以检验。素质的养成与发展是一个螺旋式上升的过程，总是在实践中得以产生、检验和发展的。思想政治教育教师的素质养成亦如此。思想政治教育教师在完成立德树人、价值引领、理论教育、组织管理等任务和职责的过程中，对其自身素质提出一定的挑战和考验，促使以教育目标和职责为导向的思想政治教育教师通过不断学习、参加培训、定期考核等方式逐渐提升自身的全面素质。问题是发展的催化剂。以实现思想政治教育一体化为例，这一问题是在思想政治教育教学中逐渐暴露出来的，大中小学生思想政治教育在目标、内容、方式等诸多方面存在着边界不明、内容混杂、方式单一重复等问题,导致学生对小学、中学、大学的思想政治教育内在逻辑关系存在质疑,学生的获得感较低,严重影响思想政治教育的实效性。针对这一问题,习近平总书记在思想政治理论课教师座谈时指出,推动思想政治教育一体化建设。根据中国社会发展要求、受教育者思想品德发展规律和身心发展特点,推动大中小思想政治教育在教学目标、教学内容、教学方法等方面实现协同性、一体化建设。这一问题的提出和解决,对我们大中小思想政治教育教师提出了更多、更高的要求,要衔接好大中小思想政治教育,区分大中小思想政治教育的目标、内容、方法等方面的差异和内在关联,结合大中小学生的身心特征和思想认知,做好每个阶段的思想政治教育。最后,思想政治教育教师的素质在思想政治教育教师履行职责中不断发展。如前文所述,在思想政治教育发展过程中,教师的素质会随着中国社会发展和思想政治教育问题的不断解决得以全面提升。世界发展局势中的经济战、科技战、文化战、人才战等,使我们不能忽视意识形态教育,以及国内社会发展中所出现的"腐败""诚信""道德滑坡"等现实问题促发主流意识形态教育的必要性和紧迫感,因此,作为社会主流意识形态教育主渠道的思想政治教育愈加重要。作为思想政治教育的主导者,思想政治教育教师更要顺应世界局势和国内发展需求,更要树立终身学习理念,在教学内容与方法上更加贴近实际、贴近生活、贴近学生,润物细无声地做好思想政治教育工作,培养学生的正确价值观,培养学生的爱国情怀,也使其正确认识社会理想与个人理想的内在统一性,自觉在促进个人全面发展的同时促进社会的全面进步。

三是思想政治教育教师素质提升和职责实现辩证地统一在实现立德树人的根本任务中。根据马克思主义的观点,实践是检验和发展真理的唯一标准。同样地，思想政治教育教师素质和职责的创新与优化亦同步实现在思想政治教育服务于国家建设、教育发展和人才培养的实践中。立德树人是中国特色社会主义教育事业发展的根本任务，思想政治教育教师的素质创新和职责创新与优化要致力和同步于完成立德树人这一根本任务上来。党的二十大报告指出，实现"中国式现代化"是党和国家实现强国建设、民族复兴的重要路径。中国式现代化，首先是社会主义建设者和接班人的现代化，社会主义建设者和接班人的现代化首先是人的思想的现代化。而要完成人的思想的现代化，离不开思想政治教育这一项"生命线"工作。人的思想的内涵是极其丰富的，有经济思想、政治思想、文化思想、生态思想、社会发展思想等，其中"起着生命线作用"的是文化思想，特别是道德思想、价值观念，对一个人、一个民族、一个国家的发展发挥着举足轻重的作用，是一个人、一个民族、一个国家发展的灵魂所在。因此，思想政治教育教师素质和职责的进一步优化创新要紧密围绕实现立德树人、强国建设这一根本教育目标和任务。

二、思想政治教育教师素质创新与职责优化

立足新的时代发展背景，实现思想政治教育教师的素质创新和职责优化，是由国内外发展局势、我国高等教育发展、思想政治教育的特殊性质以及思想政治教育教师的身份所决定的。高校肩负着培养中国特色社会主义事业合格建设者和接班人的重大任务。思想政治教育关系着社会主义办学方向、全面贯彻党的教育方针、落实立德树人根本任务等。思想政治教育教师肩负着启迪思想、陶冶情操、温润心灵的重要职责，承担着塑造灵魂、塑造生命、塑造新人

的时代使命,要始终秉持政治强、情怀深、思维新、视野广、自律严、人格正的"六点"要求,养成良好的思想道德素质。基于思想政治教育教师素质和职责的现状,结合时代要求和人才培养任务,思想政治教育教师的素质创新和职责优化应当遵循"坚持正确的理想信念不动摇""坚持以学生为本的教育理念""遵循人的素质形成发展规律""坚持理论学习与社会实践相结合""坚持以思想政治教育学科建设为依托"等主要原则。具体分析如下:

(一) 坚持正确的理想信念不动摇

理想信念作为人类社会特有的一种精神现象,是人类不可或缺的精神支撑和动力。作为一种独特的人文精神,理想信念是人们世界观、人生观和价值观的综合反映,在培养个人良好人格、促进社会文明进步、推动国家繁荣富强方面具有重要的支撑作用。党的十八大以来,以习近平同志为核心的党中央高度重视培育理想信念,提出"革命理想高于天,理想信念之火一经点燃就会产生巨大的精神力量"[1]"要把坚定理想信念作为党的思想建设的首要任务"[2]"推动理想信念教育常态化制度化,持续抓好党史、新中国史、改革开放史、社会主义发展史宣传教育,引导人民知史爱党、知史爱国,不断坚定中国特色社会主义共同理想"[3]等。习近平总书记关于理想信念的重要论述赋予了理想信念以新的话语表达方式和时代特征,归纳起来有:一是时代性。新时代理想信念基于中国社会新发展阶

---

[1] 习近平在广西考察时强调 解放思想深化改革凝心聚力担当实干 建设新时代中国特色社会主义壮美广西 [J]. 党建, 2021 (5): 4-7.

[2] 习近平. 决胜全面建成小康社会夺取新时代中国特色社会主义伟大胜利 [N]. 人民日报, 2017-10-28 (001).

[3] 习近平. 高举中国特色社会主义伟大旗帜 为全面建设社会主义现代化国家而团结奋斗——在中国共产党第二十次全国代表大会上的报告 [M]. 北京: 人民出版社, 2022.

段，坚定马克思主义理论指导，以实现中国式现代化的目标和方式，推动社会主义现代化强国建设和实现中华民族伟大复兴。二是继承性。它继承了马克思主义经典作家对社会主义和共产主义的美好追求和展望，也继承了中华传统文化中的理想人格和美好社会形态的价值追求，体现了新时代中国人民对美好前景的无限向往和赓续奋斗。三是实践性。作为新时代中华民族的精神之魂，理想信念旨在凝聚民族力量，把强大的精神动力转化为实际行动，艰苦奋斗、敬业奉献、开拓进取，以增进人民福祉、实现国家富强。

  一直以来，党和国家高度重视思想政治教育教师的理想信念问题。在新中国成立初期，为了培养和造就一支技术过硬的思想政治理论教师队伍，提高师资数量，提升师资素质和水平，中共中央发出通知，要求通过改造旧知识分子以及从高校助教和高年级学生中选拔优秀的党团员担任思想政治理论课教师等途径增加师资数量，明确指出"在提拔师资的时候，要首先注意政治思想条件、学识水平和解决实际问题的能力，资历应当放在次要的地位"。[1] 且特别强调指出：所有思想政治理论课教师都必须用马列主义和毛泽东思想武装自己，牢固树立为社会主义、为人民服务的思想，对于那些"政治思想不好、不适宜教思想政治理论课的教师，应该尽快处理掉，调动工作"。[2] 十年"文化大革命"结束后，高校课堂重新开设思想政治理论课。针对数量少、素质低、任务重的思想政治理论课教师队伍现状，选拔政治立场坚定、马克思主义理论水平高的人员加入思想政治理论课教师队伍，与此同时也开展各种形式的教育培

---

[1] 教育部社会科学司. 普通高校思想政治理论课文献选编：1949—2008 [M]. 北京：中国人民大学出版社，2008：50.
[2] 教育部社会科学司. 普通高校思想政治理论课文献选编：1949—2008 [M]. 北京：中国人民大学出版社，2008：50.

训工作，以提升思想政治理论课教师队伍的整体水平。尤其是对思想政治理论课教师的思想政治素质和马克思主义理论水平的培训，确保思想政治理论课教师具备坚定的政治立场。改革开放以来，高校思政课"85方案""98方案""05方案"及《关于进一步加强高等学校思想政治理论课教师队伍建设的意见》一以贯之地高度关注思政课教师队伍建设。如"85方案"指出："建设一支坚持党的路线、有马克思主义觉悟和理论修养、有比较丰富的社会科学文史知识和必要的自然科学知识、热心于青少年思想理论教育工作的师资队伍……"❶ "98方案"指出，"要充分发挥'两课'教师的积极性和创造性，认真抓好师资培训工作……特别要注意对青年教师的培养。"❷ "05方案"也指出，"要加强对思政课教师的培训……着力提高教师的思想政治素质、专业水平和教学能力。""各高等学校党委要切实负起政治责任，把稳定教师队伍，提高教师素质作为当前加强和改进思政课的一项基础性工作来抓，做好思政课教师的思想政治工作和队伍建设工作。"❸ 2008年9月，《关于进一步加强高等学校思想政治理论课教师队伍建设的意见》把"加强高等学校思政课教师队伍建设的重要性紧迫性和总体要求"作为首要问题，且指出"思政课教师是高等学校教师队伍的一支重要力量，是党的理论、路线、方针、政策的宣讲者，是大学生健康成长的指导者和引路人""要把思政课教师队伍建设纳入教育事业发展和人才队伍建设的总体规划，加强领导，

---

❶ A Notice Issued by the CCP Central Committee on Reforming the Curriculum and Teaching of Courses on Ideological Character and Political Theory (August 1, 1985) [J]. *Chinese Education & Society*, 2014, 29 (4): 26 – 31.
❷ 中共中央宣传部、教育部关于普通高等学校"两课"课程设置的规定及其实施工作的意见 [J]. 教学与研究, 1998 (8): 5 – 8.
❸ 刘秀. 与"05方案"相适应的教师素质新探 [J]. 辽宁教育行政学院学报, 2007 (1): 67 – 69.

统筹安排""思政课教师要全面提高思想政治素质和业务素质"❶等。党的十八大以来，习近平总书记也从民族命运、国家发展、人才培养的战略高度始终高度关注思想政治理论课教师队伍的理想信念问题。2019年3月，习近平总书记在与思政课教师座谈时做出明确指示，教师是办好思政课的关键，并对思政课教师提出了"政治强"的要求。2023年9月，习近平总书记致信全国优秀教师代表并做出重要指示：全国广大人民教师应大力弘扬教育家精神，其中"心有大我，至诚报国"的理想信念居于教育家精神首位。❷ 由此可知，习近平总书记一直高度关注思想政治教育教师队伍素质建设问题，也一直把思想政治教育教师的理想信念建设放在重中之重。

坚定且正确的理想信念是在中国特色社会主义新时代背景下实现思想政治教育教师素质创新和职责优化需要坚持的首要问题。在习近平总书记"3·18"讲话精神的指引下，坚持"政治要强"，造就一批马克思主义理论功底扎实，理论联系实际，勇于开拓创新的马克思主义理论教育工作者，筑牢理想信念之基，不忘立德树人的初心，牢记为党育人、为国育才的使命，自觉做共产主义远大理想和中国特色社会主义共同理想的忠实信仰者和坚定践行者，掌握思政课教学的主导权，敢于直面问题，用马克思主义武装学生头脑，强化新时代思想政治教育的意识形态性。

（二）坚持以学生为本的教育理念

坚持以学生为本，就是一切为了学生，为了一切学生；就是要

---

❶ 顾海良，张雷声. 改革开放以来高校思想政治理论课教师队伍建设概论[J]. 教师教育学报，2014（2）：20-30.

❷ 习近平. 大力弘扬教育家精神 为强国建设民族复兴伟业作出新的更大贡献[EB/OL]. （2023-09-09）[2024-04-30]. 新华网. http://www.news.cn/politics/leaders/2023-09/09/c_1129854339.htm.

尊重学生、理解学生、关心学生，把不断满足学生的需要、促进学生的全面发展，作为思想政治教育的根本出发点和落脚点，这从根本上符合马克思主义关于人的自由全面发展的学说和中国共产党的根本宗旨和利益追求，也是新时代思想政治教育的基本原则和要求。

之所以要在思想政治教育中坚持以学生为本，是因为思想政治教育是以学生为中心、以学生为目的的活动。思想政治教育的教育对象是学生，其出发点和落脚点也是学生。育人为本是思想政治教育以学生为本的逻辑展开。因此，思想政治教育必须在教育过程中重视启发、引导学生的内在教育需求，调动和激发学生主动学习和发展的积极性、主动性和创造性，引导帮助学生自觉树立科学的世界观、人生观和价值观，不断提升学生的思想政治素质。

聚焦思想政治教育教师素质创新和职责优化，着眼思想政治教育的基本规律，遵循受教育者的思想认知水平和身心发展规律，坚持一切以学生为本，关注学生、关爱学生、关心学生。在思想政治教育教学和科研中，思想政治教育教师应坚持把学生的现实思想状况、思想动态和需求放在首位，善于把科学研究的成果融入到课堂教学中，积极引导学生运用理论联系实际，引导学生善于思考，激发学生的问题意识，在基本认知、对比理解、解决问题中掌握思想政治教育学科的基本理论。思想政治教育教师也只有做到以学生为本，保持一颗为了学生的初心，才能最大程度地挖掘自身的内在潜能，推动思想政治教育教师素质的创新和职责的优化。

（三）遵循人的素质形成发展规律

从哲学上讲，规律是指事物发展过程中本身所具有的本质的、必然的、稳定的联系。规律具有客观性，人们只有在认知、尊重、掌握和运用规律的过程中，发挥主观能动性，才能更好地与外在的客观世界相联系，也才能够在改造外部世界中更好地改造主观世界。

人的素质的形成发展不是一蹴而就的，其内在的运行逻辑关系是客观的，有规律可循的，是在社会实践活动的基础上，人的主观因素和外在客观因素相互影响、彼此作用形成的。作为主体的人，基于内在的心理特征和主观需求，在社会实践的基础上，接受外在的教育和社会环境的影响，产生一系列思想矛盾运动，从而推动人的素质的不断变化和发展。这一内在运行机制启发我们：思想政治教育教师的素质创新和职责优化，一方面，思想政治教育教师应当热爱教师职业，以学生为本，从而更多地激发教师本身对职业素质和责任的重要性的充分认识和自觉提高；另一方面，也要通过颁布相关政策、搭建学科平台、组织教育培训等方式，引导和帮助思想政治教育教师提升内在的素质，如此才能使思想政治教育教师素质提升和职责优化由外生型转化为内生型，不断全面提升思想政治教育教师的素质和职责。

新中国成立以来，党和政府始终高度重视思想政治教育教师素质优化和职责提升，从党中央、地方、学校、社会层面逐步建立起立体化、全方位的教师培训制度体系，进一步提升思想政治教育教师的素质和职责使命。此外，也相继出台了一系列提升思想政治教育教师的地位和尊严，改善思想政治教育教师工作环境、工资待遇、生活条件的相关政策，这些均大大提升了思想政治教育教师的职业自豪感、荣誉感、归属感和责任感，使其自觉提升自身的素质，尽全力完成好肩负的职责，积极服务于社会主义合格建设者和接班人的培育。中国特色社会主义进入新时代以来，习近平总书记在领导全党全国各族人民推进党和国家事业发展的伟大实践中，立足世界发展大势和国家发展全局,着眼于强国建设、民族复兴的伟大梦想,紧紧围绕"为谁培养人、培养什么人、怎样培养人"这一根本问题,牢牢把握立德树人根本任务,培养社会主义时代好青年,做出了一系列有关思想政治教育守正创新的重要论述和战略部署。其中,教师队伍是深刻影响新时代思想政治教育守正创新的关键因素。2019年4月,教育部印发《普通高等学校思想政治理论课教师队伍培养规划(2019—2023年)》通知,提出建设一支专职为主、专兼结合、数量充足、素质优良的高校思政课教师队伍。2019年8月,中共中央、国务院印发《关于深化新时代学校思想政治理论课改革创新的若干意见》,站在新时代的历史节点上,提出要建设一支高素质专业化的思政课教师队伍,提高思政课教师的综合素质。2022年10月,习近平总书记在党的二十大报告中指出:"培养高素质教师队伍,弘扬尊师重教社会风尚。"❶ 2023年5月,习近平总书记在中共中央政治局第五次集体学习时强调:"强教必先强师。要把加强教师队伍建设作为建设教育强国最重要的基础工作来抓,健全中国特色教师教育体系,大力培养造就一支师德高尚、业务精湛、结构合理、充满活力的高素质专业化教师队伍。弘扬尊师重教社会风尚,提高教师政治地位、社会地位、职业地位,使教师成为最受社会尊重的职业之一,支持和吸引优秀人才热心从教、精心从教、长期从教、终身从教。加强师德师风建设,引导广大教师坚定理想信念、陶冶道德情操、涵养扎实学识、勤修仁爱之心,树立'躬耕教坛、强国有我'

---

❶ 高举中国特色社会主义伟大旗帜 为全面建设社会主义现代化国家而团结奋斗——在中国共产党第二十次全国代表大会上的报告[M].北京:人民出版社,2022:34.

的志向和抱负，坚守三尺讲台，潜心教书育人。"❶ 2023年9月9日，习近平总书记致信全国优秀教师代表并做出弘扬教育家精神的重要指示。❷ 2024年1月11日，全国教育工作会议也强调指出，要坚持教育服务高质量发展这个硬道理，以习近平新时代中国特色社会主义思想为指导，构建中国特色、世界水平、与中国现代化相匹配的高质量教育体系，扎实推动教育强国建设重点任务落地见效。以教育家精神为引领强化高素质教师队伍建设，大力弘扬践行教育家精神，拓展教师队伍培养培训新思路，推进教师资源配置优化和管理制度改革，营造尊师重教、尊师重道社会风尚，以教师之强支撑教育之强。❸ 我们党和政府在新时代的这些重要论述和战略部署，从深化马克思主义意识形态教育、推动学校思政课守正创新、培育新时代好青年的战略高度，对于进一步推动新时代思想政治教育教师素质创新和职责优化具有重要且深远的指导意义和价值。

（四）坚持理论学习与社会实践相结合

坚持理论学习与社会实践相结合，是新时代思想政治教育教师素质创新和职责优化的重要原则和要求。实践的观点是马克思主义哲学的基本观点。坚持理论与实践相结合，也是马克思主义形成与发展的基本原则，体现了认识和实践、矛盾的普遍性和特殊性相统一的认识论和辩证法，是辩证唯物主义世界观在无产阶级政党作风

---

❶ 习近平. 加快建设教育强国 为中华民族伟大复兴提供有力支撑［EB/OL］. (2023-05-30)［2024-04-07］. 新华网. http://www.news.cn/mrdx/2023-05/30/c_1310723149.htm.

❷ 习近平. 大力弘扬教育家精神 为强国建设民族复兴伟业作出新的更大贡献［EB/OL］. (2023-09-09)［2024-05-01］. 新华网. http://www.news.cn/politics/leaders/2023-09/09/c_1129854339.htm.

❸ 怀进鹏. 2024年全国教育工作会议召开［N］. 中国教育报，2024-01-12.

上的具体表现。一方面，实践是检验理论的唯一标准。人们通过实践活动，从获得最初的感性认知进而通过抽象的逻辑思维上升为理性认知，理论本身就是理性认知，因此我们说，实践是理论形成、变化和发展、创新的基础和原动力，通过实践—认识—再实践—再认识的周而复始的矛盾运动，推动着人类认识进步、理论创新和社会文明向前发展。另一方面，理论或者认知对实践具有能动的反作用，即认知的独立性、超越性和能动性。社会文明的每一次进步，都基于人类认知的进步。特别是当代社会背景下，随着社会生产力的提高和科学技术的进步，人类的认知水平和能力较之前有长足的进步。通过理论学习，人们获取前人的发现和智慧，进而在社会实践中加以运用、改造和创新，进而获得新的认知，不断提升人类改造世界的能力，与此同时也提升内心世界。因此，理论与实践是周而复始、相辅相成、相互促进发展的。

  坚持理论学习与社会实践相结合，是思想政治教育教师实现素质提升和职责优化需要遵循的基本原则，是对马克思主义关于理论与实践相结合原则在具体问题上的实际应用。新民主主义革命时期，广大党员通过马克思主义理论学习、新民主主义革命实践，在抗战中学习马克思主义理论，用以指导中国的民主革命实践。新中国成立以来，思想政治教育教师结合社会生产、群众斗争、社会调研等方式进行马克思主义理论学习，进而运用于社会主义革命和建设实践中。改革开放以来，为了推动思想政治教育学科建设和社会经济发展，全面提升思想政治教育教师素质和职责，思想政治教育教师除了系统学习马克思主义理论以外，也注重组织思想政治教育教师参加社会实践，通过名校返学、社会调研、实地参观、社会服务等方式，坚持理论与实践相结合，不断提升思想政治教育教师的素质和职责使命。

习近平总书记指出:"不论过去、现在和将来,我们都要坚持一切从实际出发,理论联系实际,在实践中检验真理和发展真理。"❶思想政治教育教师坚持理论学习与实践锻炼相统一,进一步拓宽新时代思想政治教育教师素养和职责培育的路径。一方面,注重理论学习,引导思想政治教育教师研学马克思主义经典原著,夯实马克思主义理论基本功。其原因在于,无论是"政治强""情怀深"还是"思维新",都必须牢固地建立在扎实的马克思主义理论认知基础上。另一方面,注重实践锻炼,通过专题理论轮训、示范培训、项目资助、考察学习等形式多样的实践培训,深刻洞察新时代中国社会发展,全面提升思政课教师知识素养和能力素养。正如《新时代高等学校思想政治理论课教师队伍建设规定》指出的,高等学校应当拓展思政课教师培训渠道,设立思政课教师研学基地,定期安排思政课教师实地了解中国改革发展成果、组织思政课教师实地考察和比较分析国内外经济社会发展状况,创造条件支持思政课教师到地方党政机关、企事业单位、基层等开展实践锻炼。❷

(五) 坚持以思想政治教育学科建设为依托

思想政治教育教师素质提升和职责优化以思想政治教育学科建设发展为依托,是指依托专门的思想政治教育学科发展对思想政治教育教师素质和职责提升优化的影响因素、作用机制、过程规律进行系统全面的研究,并指导思想政治教育教师在思想政治教育学科

---

❶ 习近平谈治国理政:第1卷 [M]. 北京:外文出版社,2018:25.
❷ 新时代高等学校思想政治理论课教师队伍建设规定 [EB/OL]. [2024-04-28]. https://baike.sogou.com/v185455969.htm?ch=frombaikevr&fromTitle.

发展过程中实现素质和职责的创新和优化。

思想政治教育学科是从改革开放后逐渐发展起来，经历了建立、发展、深化、繁荣的历程，发展迅速、成效显著，已经成为我国哲学社会科学的一个富有特色和充满活力的重要新兴学科。具体来说，思想政治教育学科主要经历了以下三个发展阶段：

一是学科创建阶段（1984—1995年）。这一阶段从1984年创立思想政治教育本科专业开始，到逐步建立思想政治教育硕士点和酝酿思想政治教育博士点，在思想政治教育学科研究不断深化的基础上形成了比较完整的思想政治教育学科专业人才培养体系。思想政治教育学科创立的标志是1984年思想政治教育学科本科专业的建立。20世纪80年代初，为了反对"左"和右的错误思潮，加强和改进思想政治教育，推动思想政治教育科学化，全国开展了一场思想政治工作科学化的讨论，这场讨论首先从军队开始。1980年4月，在北京召开全军政治工作会议，中共中央政治局委员、人民解放军总政治部主任韦国清提出："政治工作也是一门科学，有其专门的知识。"1980年8月11日，《光明日报》刊登了《思想政治工作是一门科学》的文章，充分肯定思想政治工作科学化的提法，还在《光明日报》开辟专栏，在全国范围内组织开展了一场思想政治工作科学化的大讨论。这是我国关于思想政治教育学科科学内涵和学科定位的最早、最有价值的探讨，有力促进了思想政治工作科学化的探索和思想政治教育学科的创立。1983年，教育部召开政工专业论证会。会议确定学科名称为"思想政治教育学"，学科建设和人才培养所依托的专业名称为"思想政治教育专业"。初步议定专业的课程设置，委托复旦大学、武汉大学等编写《思想政治教育学原理》《思想政治教育方法论》等部分主干教材，并决定1984年开始招生。

1984年4月，教育部发出《关于在十二所院校设置思想政治教育专业的意见》，决定采取正规化的方法培养大专生、本科生和第二学士生等各种规格的思想政治工作专门人才。南开大学、武汉大学、复旦大学等12所院校首批增设思想政治教育专业，设本科学制，进行试点。1987年9月，国家教委又印发《关于思想政治教育专业培养硕士研究生的实施意见》，决定从1988年开始培养思想政治教育专业硕士研究生。1988年9月，全国有复旦大学、南开大学、武汉大学、中国人民大学、华东师范大学等10所院校以思想政治教育专业为名义首批独立招收硕士研究生，标志着学科和专业建设取得进一步发展。1990年，国务院学位委员会第九次会议通过了《授予博士硕士学位和培养研究生的学科专业目录》，在法学门类政治学一级学科下正式增设马克思主义理论教育、思想政治教育两个硕士授权学科专业。这一时期，全国高校获得这两个二级学科硕士学位授予权的学科点有35个。1994年8月31日，中共中央印发《关于进一步加强和改进学校德育工作的若干意见》中再次强调指出："思想政治教育是一门科学，有其自身的规律。"揭示了思想政治教育学是研究思想政治教育特有规律的科学，明确指出"要把思想政治教育作为人文社会科学的重点学科加强建设"，这是中央首次提出把思想政治教育学科作为重点学科加强建设。根据这一精神，筹建和发展思想政治教育学科的博士点被提上了议事日程。由此可见，正是我们党一贯重视思想政治教育的优良传统，20世纪80年代适应改革开放新时期思想政治教育发展的需要，我们党高度关注和积极推进思想政治教育的科学化进程，才有力推动了思想政治教育科学化的探索，促进了思想政治教育这一新兴学科20世纪80年代在中国的诞生。

二是学科发展阶段（1996—2005年）。这一阶段从1996年建立马克思主义理论与思想政治教育学科博士点开始，到建立马克思主义理论与思想政治教育的国家重点学科和酝酿建立独立的思想政治教育博士点和国家重点学科，思想政治教育学科进入了作为人文社会科学的重点学科加以建设和通过融合稳步发展的阶段。马克思主义理论与思想政治教育博士点和国家重点学科的建立是这一阶段的主要标志。经过博士点申报，国务院学位办经过严格的学位授权审核，于1996年4月29日批准武汉大学取得"马克思主义理论教育与思想政治教育"博士学位授权学科、专业点；中国人民大学"科学社会主义原理"博士点的"马克思主义原理"研究方向免于申请，直接转为马克思主义理论教育与思想政治教育博士点；清华大学也获得"马克思主义理论教育与思想政治教育"博士学位授予学科。这三个博士学位授权点成为我国第一批马克思主义理论与思想政治教育博士学位学科授权点。1997年6月，国务院学位委员会和国家教委颁布新修订的《授予博士硕士学位和培养研究生的学科专业目录》正式将马克思主义理论教育和思想政治教育两个二级学科整合为一个"马克思主义理论与思想政治教育"二级学科，隶属于政治学一级学科。专业调整后的马克思主义理论与思想政治教育专业获得了迅速发展。截至2003年，全国马克思主义理论与思想政治教育的博士点达到28个（含军校），硕士点达到160个。2001年，国家又批准设立了马克思主义理论与思想政治教育国家重点学科，中国人民大学、武汉大学、中山大学成为马克思主义理论与思想政治教育国家重点学科首批设立单位。思想政治教育学科在这一阶段获得了积极稳步的发展，主要表现有以下几点：其一，实现了学科融合。马克思主义理论与思想政治教育相结合，实现了马克思主义理论与思想政治教育的有机融合。其二，实现了学科升级。在这一阶段，不仅建立了马克思主义理论与思想政治教育的博士点学科，形成了一批具有较高理论素养与研究能力的思想政治教育博士生导师队伍，提高了思想政治教育研究的专业化、科学化水平，培养了大批思想政治教育的博士生，还建立了马克思主义理论与思想政治教育的国家重点学科，使思想政治教育真正成为国家人文社会科学重点建设的学科，得到了国家的政策支持和有力保障，做到了重点学科重点建设，进一步提升了思想政治教育的学科层次和地位，实现了思想政治教育学科由低层次向高层次的发展。

三是学科繁荣发展阶段（2006年至今）。这一阶段从建立马克思主义理论一级学科开始，一直到现在，是思想政治教育学科大繁荣、大发展的阶段。马克思主义理论成为一级学科之后，思想政治教育上升为独立的二级学科，产生了马克思主义理论一级国家重点学科和思想政治教育二级国家重点学科，思想政治教育学科获得了更大的发展空间和平台。这一阶段以马克思主义理论一级学科的建立，思想政治教育二级学科博士点和重点学科的建立为标志。2005年初《中共中央宣传部、教育部关于进一步加强和改进高校思想政治理论课的意见》指出，"思想政治理论课教育教学所依托的学科是我国特有的一门政治性、科学性和实践性很强的学科，只能加强，不能削弱。设立马克思主义一级学科，开展马克思主义理论体系研究，开展马克思主义发展史、马克思主义中国化研究，开展思想政治教育研究，为推进党的思想理论建设和巩固马克思主义在高等学校教育教学中的指导地位，为加强高校思想政治理论课建设，培养思想政治教育工作队伍提供有力的学科支撑。"2005年12月23日，国务院学位办和教育部印发《关于调整增设马克思主义理论一级学科及所属二级学科的通知》，决定增设马克思主义理论一级学科及所属二级学科。新增设的马克思主义理论一级学科，设置于法学门类内，下设五个二级学科，即马克思主义基本原理、马克思主义发展史、马克思主义中国化研究、国外马克思主义研究、思想政治教育。2006年1月25日，国务院学位委员会下发《关于下达第十批博士和硕士学位授权学科、专业名单的通知》，公布第10批学位点申报审核结果：到2006年1月，第10批学位点申报审核工作结束，全国共有21个马克思主义理论一级学科通过审核，获准首批设立，另有34个思想政治教育二级学科通过审核，成为新增的思想政治教育博士点学科。从此，思想政治教育成为马克思主义理论一级学科下属的一个独立的二级学科。思想政治教育专业名称在本科、硕士、博士三个层次第一次得到统一。思想政治教育学科从原来隶属于政治学一级学科改变为隶属于新设立的马克思主义理论一级学科，学科门类有了转变，学科地位有了实质性的提升。2008年，经审定，国家批准中国人民大学设立第一个马克思主义理论一级国家重点学科，并批准武汉大学、华中师范大学、南京师范大学、南京政治学院设立马克思主义基本原理二级国家重点学科，中山大学、东北师范大学设立思想政治教育二级学科国家重点学科，武汉大学思想政治教育和中山大学、复旦大学马克思主义基本原理设立国家重点培育学科。这标志着思想政治教育的学科建设进入了一个新的发展阶段。马克思主义理论与思想政治教育由原来的二级学科上升为马克思主义理论一级学科，思想政治教育上升为独立的二级学科，并获得了思想政治教育博士点、国家重点学科和博士后流动站，学科建设获得了跨越性发展，上了一个新台阶。

  学科建设是教师专业化、素质高质量发展的有效支撑。思想政治教育的学科建设，经过40年的发展，由半独立走向独立，由非重点学科走向重点学科，取得了重要的进展和成就。迄今为止，思想政治教育学科已经发展成为学科结构比较合理、学科层次逐步提升的新兴学科,为提高思想政治教育的科学含量、促进思想政治教育实践的科学化提供了重要的学科支撑,也无疑为思想政治教育教师队伍建设提供了全面有效的保障,更为进一步提升思想政治教育教师队伍的素质提供了重要依托。

第四章　思想政治教育教师的地位与作用

邓小平指出："我们要提高人民教师的政治地位和社会地位。不但学生应该尊重教师，整个社会都应该尊重教师。我们提倡学生尊敬师长，同时也提倡师长爱护学生。尊师爱生，教学相长，这是师生之间革命的同志式的关系。对于优秀的教育工作者，应该大张旗鼓地予以表扬和奖励。"❶ 正确认识思想政治教育教师的地位和作用，科学、全面地发挥思想政治教育教师的作用，对于推动新时代思想政治教育实现高质量发展具有基础性、关键性的意义。

第一节　思想政治教育教师的地位

思想政治教育教师的地位是指思想政治教育教师在思想政治教育活动中所处的位置。它内在地包括思想政治教育教师所担任的主要工作和所发挥的主要作用等。一般来讲，思想政治教育教师是思想政治教育活动中首要的基本要素，关系着整个思想政治教育活动

---

❶ 毛泽东 周恩来 刘少奇 邓小平论教育［M］．北京：人民教育出版社，1994：289．

的开展、运行、创新和发展，在思想政治教育活动中居于主导地位，发挥着主体性、决定性和基础性的作用。

思想政治教育教师是思想政治教育活动的主导者，在整个思想政治教育活动中发挥引领作用。一是对方向的主导。思想政治教育是一项意识形态工作。在当前经济全球化不断深入、互联网迅猛发展，思想文化多元多变多样、交流交融交锋态势愈加凸显的当代，教育对象的思想和思想政治教育所处的环境愈发复杂多元、敏感多变，为此，把握思想政治教育的正确方向，发挥思想政治教育在意识形态上的引领作用显得愈加重要。思想政治教育教师承担着"舵手"的职责，在思想政治教育中对教育对象发挥着引领作用，推动思想政治教育的各个环节、各个方面沿着正确的方向发展，维护中国社会意识形态安全。二是对教育工作的主导。思想政治教育教师是思想政治教育的领导力量，对整个思想政治教育的开展、组织、实施、评价和反馈发挥着引领作用，其在思想政治教育过程中，承担着根据一定阶级、政党主流意识形态要求，根据教育目标要求选定教育内容、设计教育活动实施方案，根据主客观条件和保证实效的要求构建实施方案机制，掌握教育过程的进度，主持教育活动的总结反馈评价等工作，在整个思想政治教育过程中发挥着引领、主导作用。三是对教育对象思想的主导。在思想政治教育中，教育者和教育对象是一对重要的范畴。思想政治教育的实效性也最终体现在教育对象思想观念的变化和完善上。因此，思想政治教育教师发挥好自身在意识形态教育、思想观念引导、价值观选择上的引领作用，使教育对象的思想观念同社会主流意识形态要求保持适度的一致性，引领教育对象树立正确科学的世界观、人生观和价值观，增强教育对象的社会化程度，推动教育对象实现自由全面发展。思想政治教育教师是思想政治教育活动的发动者、组织者和实施者等。具体分析如下：

一、发动者

思想政治教育同其他教育活动一样，都是由实践主体发动的，思想政治教育教师是思想政治教育活动的发动者。思想政治教育教师发动者的地位主要表现在以下几方面：一是承担一定阶级、政党、国家的主流意识形态教育任务。国家主流意识形态的形成，不是自发形成的，必须经过有目的、有计划、有组织的塑造与建构，必须有相应的意识形态的建设、宣传、教育和引导活动，才能塑造成为国家的主流意识形态。思想政治教育就是统治阶级建构、传播并促进社会成员内化主流意识形态的实践活动。思想政治教育是一定阶级、政党、国家运用一定的思想观念、政治观点和道德规范，对社会成员进行有目的、有组织、有计划的灌输和引导，使社会成员的思想观念、政治观点和道德规范同社会意识形态的主流要求保持一致性，提升社会成员的思想道德素质的实践活动。基于此，我们可知，思想政治教育体现着一定阶级、政党、国家和社会群体的根本利益，是维系国家统治与社会运行的思想理论体系的教育实践活动。而体现和完成一定阶级、政党、国家和社会群体的主流意识形态教育任务的主要承担者是思想政治教育教师。二是确定思想政治教育的主要任务和问题。时代不同，任务不同。思想政治教育亦不例外。每一时代的思想政治教育都有属于自己时代的主要任务和突出问题。思想政治教育不是盲目进行的，其实施的前提是充分了解社会成员的思想观念问题，有的放矢地进行思想政治教育。因此，一般情况下，思想政治教育是为了解决社会成员的思想观念同社会主流思想观念相互不一致甚至相悖的问题，以达到统一思想、维护阶级和国家统治的目的。由于时代的任务和要求不同，社会成员的思想状况和存在问题也不断变化，充分准确把握当下教育对象的思想状况和存在问题是思想政治教育得以开展的前提和基础。而完成这一任务的主体是思想政治教育教师。三是思想政治教育活动的启动和开展。思想政治教育活动不是随意开展的，要在明确一定阶级、政党、国家或者社会群体的主流意识形态要求，充分了解受教育者的思想状况和鲜明特征的基础上，缜密分析教育的重要性、必要性和操作性才得以开展思想政治教育活动，而在这一过程中，思想政治教育教师是引领者和决策者。

二、组织者

思想政治教育教师作为组织者，在思想政治教育过程中负责组织实施教育活动。思想政治教育是由一定的主体根据外在的客观条件所发起的一项实践活动。思想政治教育教师作为教育活动的组织者，在整个教育活动中，根据一定阶级、政党、国家、社会群体的主流意识形态要求和受教育者的思想品德状况来确定教育目标、制定教育内容、选择教育方法、建构教育机制等一系列相关教育活动，从整体上把握教育的节奏和进度、评估教育的效果、总结教育经验教训等，在整个思想政治教育活动中发挥着主导和引领作用。具体来讲，思想政治教育教师作为组织者的地位表现在以下几方面：一是确定思想政治教育目标。思想政治教育教师在充分掌握一定阶级、政党、国家和社会群体主流意识形态，尤其是受教育者的实际思想状况的基础上,确定思想政治教育目标。确定思想政治教育目标,是保证思想政治教育正确发展方向和取得预期思想政治教育实效性的前提和保障。若没有明确的思想政治教育目标,思想政治教育活动就是盲目的,教育效果也会大打折扣。思想政治教育目标的确定并非轻而易举,需要以一定阶级、政党、国家和社会群体的利益和政策为导向,以受教育者的实际思想道德状况为出发点,结合一定的教育方法、环境、途径等因素的综合作用来确立和完成。二是确定思想政治教育内容。在明确思想政治教育目标的前提下,确定思想政治教育内容。思想政治教育内容是相当关键的,直接决定着思想政治教育的效果。精准选择思想政治教育内容,是思想政治教育活动有效开展的关键。因此,在思想政治教育内容的确定上,务必结合党和国家的内外发展局势、受教育者的总体状况,基于思想政治教育学科发展创新过程中的重要理论和现实问题,围绕思想政治教育目标,来最终确定思想政治教育内容。三是选择思想政治教育方法。在明确思想政治教育内容的基础上,选择与之相适应的教育方法是至关重要的。从一般意义上讲,思想政治教育方法包括说理教育法、实践教育法、激励教育法、榜样教育法、比较教育法、自我教育法,等等。思想政治教育教师应根据思想政治教育内容的不同选取相匹配的教育方法,也可以是多种教育方法的综合运用。四是建构思想政治教育机制。机制是指一个事物的系统内部各个要素和部分之间相互联系和相互作用的过程和方式。思想政治教育机制是指思想政治教育各个要素之间的相互联系、相互作用的过程和方式。主要包括思想政治教育目标、思想政治教育内容、思想政治教育方法、思想政治教育环境、思想政治教育管理、思想政治教育评估以及它们之间的相互作用和相互联系的过程和方式,这是思想政治教育顺利运行和目标达成的保证。因此，在思想政治教育目标、内容和环境等基础上，建立健全有效的思想政治教育机制的任务也是由思想政治教育教师承担和完成的。

三、实施者

思想政治教育是主观见之于客观的实践活动，通过改造人的主观世界来改造外部的客观世界。因而，思想政治教育不是仅仅停留在人的意识层面，必须要付之于切切实实的实践活动，而思想政治教育教师便是这一实践活动的实施者。具体地讲，思想政治教育教师作为实施者的地位主要表现在以下几方面：一是制订思想政治教育方案。为保证思想政治教育活动的有效开展，思想政治教育教师要在活动实施之前，制订详细且周密的教育计划和方案，包括开展思想政治教育的指导思想、遵循的基本原则、必要环节和程序以及采用的方式方法等。这是思想政治教育活动得以顺利开展的必要前提。二是落实思想政治教育方案。思想政治教育方案是思想政治教育活动有效开展的主要依据，属于人的思维活动的范畴，要想获得预期的思想政治教育效果，需要把思想政治教育方案落实到具体的教育实践中，在具体的思想政治教育实践中不断修正、完善和发展。落实思想政治教育方案的任务自然也是由思想政治教育教师来完成的。三是总结、反馈思想政治教育效果。一次完整的思想政治教育活动包括制订思想政治教育方案、落实思想政治教育方案和总结、反馈思想政治教育效果三个基本环节。其中，开展思想政治教育活动后，应及时总结思想政治教育的良好经验，吸取思想政治教育的教训，为进一步提升思想政治教育效果奠定基础。思想政治教育的每一步创新发展,都是在总结、反思中得以实现和完成的。

综上,思想政治教育教师作为思想政治教育活动的发动者、组织者和实施者,在整个思想政治教育活动中发挥着引领作用,保证思想政治教育朝着正确的方向发展,提升人的思想政治素质,推动思想政治教育活动向前发展。

第二节　思想政治教育教师的作用

思想政治教育教师在思想政治教育中所处的地位和所具有的特点决定了思想政治教育教师的作用。思想政治教育教师的作用是指教师在思想政治教育活动中发挥的意义和功能。思想政治教育教师作为思想政治教育活动的发动者、组织者和实施者,其作用主要表现在以下几方面:

一、组织实施教育活动

组织实施教育活动的功能是指思想政治教育教师在思想政治教育过程中具有组织、实施教育活动的功能。全面有效地组织实施教育活动是思想政治教育顺利开展的必要前提条件。而作为思想政治教育教师,在思想政治教育具体活动开展中,应根据一定阶级、政党、国家、社会群体的主流意识形态要求和广大受教育者的思想政治素质状况,依据思想政治教育目标和内容,设计思想政治教育方案,积极构建思想政治教育机制,把控思想政治教育的节奏和进度,以及对思想政治教育效果进行总结、评估、反馈等。在这一思想政治教育整体活动中，思想政治教育教师发挥着组织、实施、主导的作用。

二、引领传导思想理论

思想理论是实践行为的先导。正确的思想理论是实践行动的指南，是人们实践活动获得成功的前提和保证。思想政治教育是一项思想性、理论性较强的实践活动，在一定阶级、政党、国家、社会群体主流意识形态的主导下，结合受教育者的特点和要求，进行有组织、有计划的思想教育活动。在这一活动中，思想政治教育教师对受教育者进行思想和科学理论的传播和教育，引导受教育者朝着社会发展要求和发展趋势的方向发展。在新时代思想政治教育中，思想政治教育教师承担着传播马克思主义理论、中国特色社会主义理论，尤其是习近平新时代中国特色社会主义思想的重要任务，引导广大中国青年树立科学的理想信念，坚定马克思主义信仰，坚定中国特色社会主义信念，坚定实现中华民族伟大复兴的信心，坚定跟着中国共产党走，坚持社会理想同个人理想有机结合，赓续奋斗、创造美好，在实现中华民族伟大复兴的中国梦的新征程上奋勇前进，用青春的能动力和创造力激荡起民族复兴的澎湃春潮，用青春的智慧和汗水打拼出一个更加美好的中国。

三、直面解答思想困惑

伟大的无产阶级导师马克思一生的座右铭是"怀疑一切"。孔子在《论语》中也曾讲，学而不思则罔，思而不学则殆。学习、质疑、思考是追求学问、探寻真理的必经之路。学习真理亦如此，若无质疑、思辨、求真，那么，学习的效果也会大打折扣。我们常常讲，知其然，也要知其所以然。在思想理论的学习中，应当多问几个"为什么"，多一些质疑、探讨和思辨，真正弄清楚思想理论的来龙去脉，深刻理解思想理论的精神实质、核心要义、价值意蕴等，全面把握思想理论在指导当代中国社会乃至世界局势发展中的运用和发展。

思想政治教育是宣传、引导受教育者掌握社会发展要求、主流意识形态的教育实践活动。以中国特色社会主义思想政治教育为例，立足新时代的背景，宣传马克思主义基本理论、中国特色社会主义理论，坚定马克思主义信仰、增强对中国特色社会主义的信念、增强对实现中华民族伟大复兴的信心，引导广大青年学生立志成才、报效国家。与此同时，也需指出的是，由于当代中国社会面对艰巨繁重的改革发展稳定任务，经济恢复发展本身有不少难题，大学生就业、义务教育"双减"工作、传染病防止防治、养老、脱贫、自然灾害、环境污染等社会民生问题，广大青年学生对中国社会发展政策、现实和问题有一定的疑惑，这就需要我们思想政治教育教师运用马克思主义基本观点、立场和方法来教育引导青年学生正确看待这些现实问题，排解青年学生认识上的误区和困惑，帮助青年学生用正确的思想方法认识社会现象和问题，学会运用理论指导当代中国实践发展。

四、培育提升德行品质

培育提升德行品质是指思想政治教育教师在思想政治教育中具

有培育和提升教育对象思想道德认知及其行为水平的作用。在任何一种社会形态中，社会发展要求与人们的思想道德认知总是存在一定程度的张力，这是人类社会发展的规律，也是社会发展的原动力。但是，这种张力和矛盾，务必处在一定的限度之内，超出了这其中的张力，它就会从社会发展的动力变成社会进步的阻力。将社会成员的思想品德素质与社会发展要求的矛盾和张力控制在适度的范围内，是思想政治教育教师的基本职责。具体来讲，思想政治教育教师通过理论教育、组织实践、心理疏导、人文关怀等方式使受教育者了解、接受社会发展的主流思想道德认知，使青年学生明大德、守公德、严私德，提高自身的思想道德水准和文明素养，且将正确的思想道德认知转化为日用而不觉的行为习惯，使受教育者的思想行为不断趋向社会主流意识形态要求。

第三节　思想政治教育教师地位和作用的实现

面对异常复杂的国际环境和艰巨繁重的国内改革发展稳定任务，我们党和政府高度重视并稳步推进高质量教育发展、高水平科技创新、高素质人才建设的一体化统筹建设，深化教育科技人才综合改革，为社会主义现代化强国建设、中华民族伟大复兴提供强大动力。人才的培养在教育，教育的关键是教师。因此，在当前国际国内形势背景下，弘扬好教育家精神，建设一支高素质、专业化的教师队伍是实现高素质人才培养的关键所在。那么，如何推进建设高素质专业化的思想政治教育教师队伍呢？在这里，需要综合分析思想政治教育教师地位和作用发挥的实现环境、实现环节以及实现途径等，以期进一步优化思想政治教育教师的地位和作用，为高素质人才培养保驾护航。

一、思想政治教育教师地位和作用的实现环境

当前，鉴于异常复杂的国际环境和艰巨繁重的改革任务，战略机遇和风险挑战并存，党和政府始终高度重视学校思政课教师队伍的重要地位和作用。从党的二十大报告提出"加强师德师风建设，培养高素质教师队伍，弘扬尊师重教社会风尚"，到2023年5月习近平总书记在中共中央政治局第五次集体学习时强调"把加强教师队伍建设作为建设强国最重要的基础工作来抓，造就一支高素质专业化教师队伍"，再到2023年9月9日习近平总书记致信全国优秀教师代表并做出弘扬教育家精神的重要指示，以及2024年3月李强总理在政府工作报告中再次重申的"弘扬教育家精神，建设高素质专业化教师队伍"，党中央和政府从战略和全局高度充分认识到教师工作的极端重要性，把全面加强教师队伍建设作为一项重大政治任务和根本性民生工程切实抓紧抓好，寄希望于教师队伍实现教育强国、科技强国、人才强国建设一体统筹推进，创新链、产业链、资金链、人才链一体部署实施，深化教育科技人才综合改革，培养拔尖创新人才，为社会主义现代化建设、实现中华民族伟大复兴事业提供强大基础支撑和力量来源。

与此同时，思想政治教育教师队伍地位和作用的发挥也面临着各式各样亟待解决的难题。一是从青年学生群体看，新时代青年学生是一个思维方式活跃、求知欲强烈、思想追求多元的特殊社会群体，且随着互联网和现代传媒技术的日益快速发展，青年学生获取

信息的途径和方式愈加便捷和多样,极容易受到多元文化、言论的影响和冲击,造成思想上的困惑和迷茫。复杂的网络环境也在潜移默化地影响和左右着青年学生的价值判断和选择。二是从大中小思想政治教育协同性上看,从小学、中学到大学,思想政治理论课的授课内容和方式在一定程度上呈现出同质化现象,若不解决大中小学思想政治教育一体化、协同化的问题,学校思想政治理论课的效果将会大打折扣,难以收到良好的教学效果。三是从思想政治教育教师队伍建设上看,当前,思想政治教育教师队伍建设也存在不少的问题,如结构优化、师德师风、综合素质、培养工作、评聘制度、工作待遇等都或多或少存在需要解决的现实难题,这些都会在相当程度上影响到思想政治教育教师地位和作用的发挥。四是从思想政治教育学科建设上看,思想政治教育学科建设是思想政治教育教师队伍发展的重要一环。思想政治教育学科从成立至今,在社会服务、文化传播、人才培养、学科研究等方面发挥着不可替代、至关重要的作用。从当前看,思想政治教育学科的建设在基础理论研究、专业人才培养、教材的建设、教师的梯队建设等方面也亟待加强和改进。综上所述,这些问题均是思想政治教育教师队伍建设的不利因素,影响着思想政治教育教师主体地位和关键作用的充分发挥。

二、思想政治教育教师地位和作用的实现环节

一般而言,思想政治教育教师教育教学活动的开展是在一定的环境中,基于若干主要的、有效的环节来实现完成的。我们知道,思想政治教育教师的地位和作用的发挥离不开具体教育教学活动的

开展，教师地位和作用的螺旋式上升提高也是在一个又一个具体的教育教学实践活动开展过程中不断地总结、反思而得以实现的。具体来讲，主要有"预先准备教育活动""组织实施教育活动""总结提高教育活动"三大方面。

（一）预先准备教育活动

结合马克思关于"教育者一定先受教育"的实践观点，思想政治教育教师在组织实施教育活动前，需要开展一定程度上的教育准备活动。其主要包括下列几方面内容。

一是全面掌握教育目标要求和受教育者的基本情况。思想政治教育是一定阶级、政党和社会团体根据一定社会发展的要求和自身的利益要求，通过有组织、有计划、有条理的思想教育、政治教育和道德教育等互动实践，引导受教育者逐渐形成日用而不觉的、符合一定社会发展要求的思想认知和行为习惯的实践活动。由此，思想政治教育教师在实施教育活动之前，在夯实马克思主义世界观和方法论的基础上，要先充分地了解当前国内外发展形势、中国社会经济政治文化等发展状况和青年学生的思想和行为特征，以此对标马克思主义基本原理、思想政治教育的目标要求等，把马克思主义基本原理同当代中国社会现实紧密结合，引导青年学生形成科学的价值取向和行为习惯，实现自身的自由全面发展。

二是根据先前掌握的教育目标要求和受教育者的基本情况，确定思想政治教育具体内容，选择与内容相适应的教育方法，创设与教育内容方法相融合的教育步骤和环境等。在这里，思想政治教育内容的选取要结合教育目标要求，要结合学生的接受程度，更要注意内容之间的逻辑性和完整性，任何一种事物都有自身内在的逻辑体系，思想政治教育内容亦如此，内容之间的连贯性、逻辑性、延伸性对青年学生的学习效果来讲是至关重要的。关于思想政治教育方法，要根据思想政治教育内容来具体设定，有什么内容，用什么方法，两者是相辅相成、相互促成的。用对了方法，思想政治教育效果会事半功倍。在一定思想政治教育内容和方法的指引下，教师也要适当考虑创设一定的思想政治教育环境，规划思想政治教育实施的步骤和环节，以有条不紊地开设思想政治教育活动。

（二）组织实施教育活动

在预先准备教育活动工作完成后，接下来就是思想政治教育教师组织实施具体的教育教学活动了。从思想政治教育教师工作内容上来划分，主要包括下列几大类。

一是课堂教学类教育活动。课堂教学类教育活动，是指通过传统的课堂教学形式，基于课程教材，把符合社会要求的思想观点、政治观点和道德观点传授给青年学生，一般会通过有条理、有顺序、有逻辑地理论宣讲、分析阐释、解惑答疑等方式，引导学生对马克思主义基本立场、观点、方法进行自觉思考、比较判断、形成认知、养成习惯，促使思想政治教育基本理论在知、情、意、信、行上达成统一，形成闭环。有史以来，课堂式教学活动一直是首要的教学形式，你听我讲、你问我答，对所传授的理论知识和专业技能通过师生之间的互动交流得以消化吸收，成为青年学生日用而不觉的价值取向和行为习惯。

二是社会实践类教育活动。所谓社会实践类教育活动，是指有计划、有组织地引导人们积极参加社会实践活动，在社会实践中不断提高思想觉悟和认知能力的教育活动。马克思在《关于费尔巴哈的提纲》中指出:"人的思维是否具有客观的真理性,这个不是一个理论的问题,而是一个实践的问题。"❶只有社会实践,才是人们对于外界认识的真理性的判断标准。人们只有在社会实践中才能接触事物的现象,通过社会实践才能透过事物的现象发现事物的内在本质,形成正确的思想认知,也才能够更好地指导社会实践。只有实践,才是人们正确思想认知的来源和基础。那么,社会实践类的教育活动,就是通过社会实践的形式开展思想政治教育,指导人们正确行动,帮助人们在社会实践中正确分析和处理各种社会现实问题。与此同时,人们在头脑中形成的各种看法、观念是否正确,不能依靠人们自己做判断,只能在社会实践中检验。总之,人们思想的形成、发展、检验,都离不开社会实践,都是由社会实践决定的,思想政治教育必须以社会实践作为教育的基本方法。以对外经济贸易大学《思想道德与法治》"中国系列"主题微电影为例说明,"中国系列"微视频是以真实生活为创作素材,以真人真事为表现对象,并对其进行艺术的加工与展现,以展现真实为本质,并用真实引发人们思考的电影或电视艺术形式。本课程实践教学的宗旨在于:鼓励大学生用自己的眼睛和行动去寻找、记录、弘扬实现"中国梦",传承"中国精神",弘扬"和平中国"理念,讲述"中国故事",展现"大美中国",记录"百年中国",学习领悟党的二十大精神,传播"中国式现代化"道路。实践过程要求学生们必须围绕主题核心精神要素,通过对本年度党和国家大事记、重大理论问题、革命先辈感人事迹的学习、对历史情景的再现,用微电影的方式进行生动描绘。期望通过拍摄,深刻影响作为记录者的大学生们的世界观、人生观、

---

❶ 马克思恩格斯文集:第1卷[M].北京:人民出版社,2009:503.

价值观，达到自我学习、自我教育、入脑入心的教学目的。本实践教学的环节主要包括分组布置环节、开题报告环节、中期答辩环节、期末展示环节、全校展播及颁奖环节。从整个制作过程来看，不是简单地把传统的"答题式"考试改变为"无纸化"考试，而是基于"思想政治教育只有入脑入心才是教学根本目的"的理念，全方位、深层次、长时段地组织学生参与到整个学期的教学活动当中去，真正实现"去试卷化"而"入头脑化"，"不再死记硬背、照书乱抄"而能"用心思考、亲身行动"从而达到"记忆深刻、终身难忘"的教学效果。

三是组织管理类教育活动。所谓组织管理类教育活动，是指通过组织活动、日常管理等方式开展思想政治教育，引导学生在日常的生活、学习中养成良好的思想政治素质和道德品质。此类教育活动一般会通过党日活动、纪念日活动、班团建设、社会志愿服务、参观访谈、社会调研掌握日常学习生活的基本规范等方式进行，旨在引导青年学生更好地融入集体生活，养成良好的政治素质和道德品行。

（三）总结提高教育活动

在预先准备教育活动、组织实施教育活动的基础上，结合在实际开展教育活动过程中出现的各种现象、问题、挑战，总结经验和吸取教训，以进一步提高思想政治教育的实效性。因此，总结提高教育活动是整个思想政治教育活动中极为重要的一环。因为只有在思想政治教育活动的实际开展中，才能看到一些现象和问题，及时思考、分析和反思，找出问题症结及其解决的对策建议，为新的思想政治教育活动的开展、活动质量的提高奠定基础，不断推动思想政治教育实现高质量发展。思想政治教育就是由无数具体活动构成,不断提高和发展的过程。具体地讲,总结提高教育活动主要包括下列方面。

一是分析教育对象。我们知道,思想政治教育的教育对象具有层次性,不同群体和类型的思想政治教育对象在思想观念、思维方式、行为习惯、兴趣爱好等方面表现出差异性和独特性,因此,需要运用定性和定量相结合的方法,及时总结教育对象的不同特点、诉求和问题,在思想政治教育活动的实际开展中对思想政治教育对象进行分类、分层组织和管理,努力实现因材施教。

二是协调和管理思想政治教育主体、客体、介体、环体等基本要素之间的关系。在思想政治教育中,各个要素之间相互配合和协调,推动思想政治教育对象在知、情、意、信、行上的转化和推演,因此,需要教育者及时寻找、设定各种良好的、匹配的、相互之间能够形成协调运行的思想政治教育要素,合理运用思想政治教育各要素,使之形成良性互动。比如,我们在进行爱国主义教育时,采取参观爱国主义教育基地等体验式教育方法,较之单纯的课堂教学更丰富更易产生共情,其原因在于教育对象置身其中,其感受的爱国主义氛围更浓厚、更直接,不自觉地增强了教育对象的爱国情感和信念。这就体现出教育环境这一要素对教育内容、教育效果产生的重要作用。

三是分析、评价、反馈思想政治教育效果。思想政治教育评价包括评价标准、评价对象、评价方式等,对这些评价要素的管理不仅直接影响思想政治教育的价值实现和判断,而且影响下一次思想政治教育具体活动的展开。根据一定的、稳定性的思想政治教育评价标准,坚持定性和定量相结合的方法,及时地分析、判断、评价和反馈教育者表现、教育对象的学习效果等，是思想政治教育不断实现创新发展的重要路径。如在思想政治教育分析和评价中，关于教育者的评价方式和受教育者的评价方式是不同的，前者注重教学素质、职业胜任力和教育效果，后者则侧重综合素质、行为表现和思想动态等，因此在评价过程中要注重要素的多样化、差异性和协调性。

三、思想政治教育教师地位和作用的实现途径

思想政治教育的关键在教师。思想政治教育实现高质量发展的基础和条件在于教师地位的提升和作用的充分发挥。思想政治教育教师地位和作用的发挥得益于多种实现路径，如有国家政策支撑、社会环境塑造、学校积极作为以及教师个人努力等。具体分析如下：

（一）国家政策支持

国家政策支持是思想政治教育教师队伍建设的航向标。党的十八大以来，以习近平同志为核心的党中央围绕"培养什么人、怎样培养人、为谁培养人"这一事关高等教育发展的根本问题，高度重视思政课建设和改革创新，高度重视思政课教师队伍建设，发表了一系列关于加强思政课教师队伍建设的重要论述，做出了一系列关于加强思政课教师队伍建设的重大决策部署，习近平总书记关于思政课教师队伍建设的重要论述，是指导思政课建设和打造一支高素质教师队伍的指导思想和行动指南。

习近平总书记的这些重要论述，表达出对包括思政课在内全体教师的一以贯之、思想深刻、内涵丰富的指示要求，对新时代背景

下深化马克思主义意识形态教育、推动学校思政课守正创新、建设高质量的思政课教师队伍、培育中国特色社会主义好青年具有重要而深刻的指导意义。与此同时,我们以习近平总书记关于思政课教师队伍建设的重要论述和思想为指导,规划和制定新时代学校思政课教师队伍建设的实践要求和实现路径。具体可从以下几方面入手。

一是从整体谋划,研制教师队伍建设专项文件、高校思政课教师队伍后备人才培养专项支持计划、设立高校思政课发展创新研发中心等,坚持宏观把握,突出顶层设计,把思政课教师队伍建设纳入教育事业发展和人才队伍建设的总体规划,制定全面且有效的思政课教师队伍建设规划。如研制出台思政课教师队伍建设专项文件;出台高校思政课教师队伍后备人才培养专项支持计划;设立高校思政课发展创新研发中心等。

二是突出精准施策,创新思政课教师队伍培养举措。在顶层设计的同时,针对现实问题,坚持理论与实践结合,突出精准施策,创新思政课教师队伍培养举措。如着力推进思政课教师队伍综合素质建设;开展高校思政课教师学习贯彻习近平新时代中国特色社会主义思想专题轮训;搭建中青年思政课骨干教师成长发展平台;增设一批高校思政课教师培训研修基地;完善思政课教师队伍建设格局等。

三是突出教学质量,加强思政课教师教学工作指导。思政课教师的首要岗位职责就是讲好思政课。思政课教学是思政课教师终身的"必修课",教学质量也是衡量思政课教师综合素质的重要参考指标。因而,突出教学质量,加强思政课教师教学工作指导是加强思政课教师队伍建设的重要组成部分。如加强思政课教学工作规范化建设;组织集体大备课;实施"习近平新时代中国特色社会主义思想大学习领航计划"等。

四是突出协同推进，不断夯实高校思政课教师队伍建设保障。办好高校马克思主义学院、深入实施对口支援西部高校马克思主义学院建设计划、将思政课教师纳入高层次人才队伍建设、推出一批先进典型的思政课教师、开展高校思政课教师队伍专项督查等协同推进，不断夯实高校思政课教师队伍建设保障。

五是坚持奖罚分明，完善思政课教师评价和考核制度。根据《新时代高等学校思想政治理论课教师队伍建设规定》，为全面提升思政课教师的综合素质，主要从思想素质、政治素质、师德师风、教学水平、科研能力等方面开展自我评价和集体评价等来综合考察思政课教师。如坚持"一票否决"制，坚持教学水平、科研能力和管理能力相结合，坚持多元化的评价考核机制，坚持实事求是，赏罚分明，鼓励先进、惩罚落后，制定思政课教师退出机制等。

（二）社会环境塑造

思政课教师地位和作用的充分发挥是在一定的社会环境中进行的。因此，营造良好的社会环境，助力思政课教师队伍建设至关重要。我们党和政府把握国内外发展大局，坚持立德树人根本任务，始终高度重视学校思政课教师队伍这一基础性建设。在党和政府积极政策的引导下，营造全社会尊师重教、关注思政课教师队伍建设，具体可从以下四方面着手。

一是在全社会树立马克思主义世界观和方法论的坚定信仰。马克思主义是根植于实践又被实践检验了的具有科学性和价值性相统一的真理。在马克思主义理论的指导下，社会主义从理论走向实践，从一国到多国。虽然也经历了20世纪90年代末的东欧剧变和苏联解体，国际社会主义运动遭受前所未有的困难和挫折，但并不能因此全盘否定马克思主义的真理性和科学性。在我国，社会主义在经济文化相对落后的基础上建成，并随着改革开放的推行，获得了较大的发展，成为世界第二大经济体，全面建成小康社会，并奋斗在实现社会主义现代化强国、中华民族伟大复兴的新时代征程中。鉴于此，我们应当对马克思主义的科学性和真理性、对中国特色社会主义道路充分信心，锐意改革、挺膺担当，为实现我们党和国家的第二个百年奋斗目标而团结奋斗。与此同时，伴随着经济全球化的深入发展，世界面临百年未有之大变局，各种思想文化交流交融交锋日益频繁。在多元思想文化交融的过程中，西方国家凭借强大的经济实力，在思想文化领域搞"霸权主义"，想方设法通过互联网、影视作品、图书报刊等方式宣传西方文化价值观，对我们国家的社会主义主流价值观形成严峻的挑战，各种享乐主义、拜金主义、极端个人主义、历史虚无主义、新自由主义等西方社会思潮涌入国内，影响着中国青年一代。因而，基于上述当代中国社会现实，抵御各种西方社会错误思潮的办法就是树立坚定的马克思主义信仰，树立科学的世界观和方法论，而思政课教师是承担这一艰巨任务的关键性人物。

二是在全社会广泛弘扬尊师重教的理念。2014年9月9日，习近平总书记在同北京师范大学师生代表座谈时的讲话明确指出："一个人遇到好老师是人生的幸运，一个学校拥有好老师是学校的光荣，一个民族源源不断涌现出一批又一批好老师则是民族的希望。国家繁荣、民族振兴、教育发展，需要我们大力培养造就一支师德高尚、业务精湛、结构合理、充满活力的高素质专业化教师队伍，需要涌现一大批好老师。"❶ 习近平总书记从国家繁荣、民族振兴、教育发展、人才培养的战略高度，指出建设一支专业化、高质量的人民教师队伍的极端重要性和紧迫感。在新时代背景下，贯彻党的教育方针，坚持马克思主义指导地位，贯彻习近平新时代中国特色社会主义思想，坚持社会主义办学方向，落实立德树人的根本任务，坚持教育为人民服务、为中国共产党治国理政服务、为巩固和发展中国特色社会主义制度服务、为改革开放和社会主义现代化建设服务，需要依靠一支可信、可敬、可靠，乐为、敢为、有为的思政课教师队伍，引导学生心灵埋下真善美的种子，扣好人生第一粒扣子，扎根中国大地，同生产劳动和社会实践相结合，加快推进教育现代化、建设教育强国、办好人民满意的教育，努力培养担当民族复兴大任的时代新人，培养德智体美劳全面发展的社会主义建设者和接班人。因而，全社会需要树立尊师重教的重要理念，尊重思政课教师，相信思政课教师，鼓励和支持思政课教师。

三是营造风清气正、公正和谐的社会风气。所谓社会风气，是指在一定时期内社会上流行传播和竞相仿效的思想观念、行为习惯、兴趣爱好、传统风俗等。它是一定社会于其发展过程中在经济、政治、文化、思想、道德和价值观等方面的综合反映，也在一定程度上反映出一个民族国家、社会形态的思想观念、价值选择和精神风貌等。社会风气犹如空气一样，无时无刻不在潜移默化地影响着每一个人。良好的社会风气是社会成员形塑良好思想道德素质的强心针和催化剂。因此，在充分挖掘思想政治教育教师地位和作用的问题上，需要全社会营造讲道德、讲文明、讲诚信、讲仁义、讲公正、

---

❶ 习近平. 做党和人民满意的好老师——同北京师范大学师生代表座谈时的讲话[N]. 人民日报，2014-09-10.

讲和谐的社会风气，不断营造有利于思想政治教育教师成长的良好社会风气。

四是及时解决因改革所产生的社会矛盾和利益冲突。20世纪80年代，中国实行改革开放，生产力获得了较大的进步，经济基础日益强大起来，中国社会发生了翻天覆地的变化。但与此同时，随着改革开放的逐步推进和经济的快速增长，社会的急剧变迁和物质利益的纷争引发了一定的社会矛盾和利益纠纷等。基于此，为维护社会稳定和社会和谐，要坚持依法治国和以德治国相结合的原则，运用思想道德教育和法律制约的手段，及时化解社会急剧转型过程中产生的矛盾纠纷和冲突，推动全社会在平稳中实现不断发展和经济的持续增长。通过这些实际的行动和利益，人民群众感受到我们党和政府的英明政策和人民至上的决心，积极拥护并投身到社会主义现代化强国建设、中华民族伟大复兴的时代重任中。

（三）学校积极作为

从目前看，学校是全面提升思想政治教育教师地位和作用的主阵地。在学校层面不断提升思想政治教育教师的地位和作用，需要从以下三方面着手：

一是完善加强思想政治教育教师队伍建设的任职标准。在学校层面，积极构建健全思想政治教育教师队伍的任职标准。思想政治教育教师的任职标准是对合格的思想政治教育教师应具有的专业素质和胜任能力提出的基本要求。在这里，建议基本的思路为：坚持"具体角色＋工作职能＋专门素质"的方法论原则，即首先明确每位思想政治教育教师的具体角色是什么，如专职教师、辅导员、党政部门的管理人员等，其次是进一步明确每个角色背后需要承担的工作，是科研、教学，还是管理，最后是每个角色的思想政治教育教师所具备的专业素质和能力。

二是构建科学有效的思想政治教育教师培训体系。教育者要先接受教育。通过定期的教育培训、不断学习新思想新理论，不断提升思想政治教育教师地位和作用。关于思想政治教育教师的培训体系，在这里，主要包括科学设置教育培训目标和内容、运用有效的教育培训方法、加强教育培训质量监控、加强培训师资队伍建设等。其一，科学设置教育培训目标和内容。紧扣立德树人、铸魂育人的教育目标，及时组织思想政治教育教师的专题学习和培训工作，推动思想政治教育教师掌握我们党的重大理论和实践创新，直面思想政治教育领域中的理论和现实问题，并将其融入思想政治教育学科研究、思想政治理论课教学中。其二，运用有效的教育培训方法。工欲善其事，必先利其器。根据培训内容的不同，选取与之相适应的培训方法，如有线上和线下相结合、专题讲座、集体备课会、学术研讨会、专题论坛、教学竞赛、社会实践等。一般来说，教育培训往往坚持理论与实践相结合，采用专题讲座、学术研讨会等方式进行理论学习，与之同时也会伴随着一些社会实践，在具体的活动中体悟、掌握理论知识。其三，加强教育培训质量监控。加强教育培训质量监控是提高教育培训工作的必要环节。学校领导干部应当对思想政治教育教师队伍的教育培训工作给予一定的支持、指导和监督，如制定校本培训考核办法等，严格思想政治教育教师队伍培训工作的考核，使得教育培训工作落到实处、发挥效能。在这里，尤其要严把选聘思想政治教育教师的"政治关"和"师德关"。其四，加强培训师资队伍建设。在上述提到的四个方面中，加强培训师资队伍建设也是提升思想政治教育教师培训工作的重要一环。在某种程度上，培训师资队伍的质量水平决定着思想政治教育教师培训工作的质量水平。因此，应严选一批思政课相关学科带头人、骨干学者、名师标兵等优秀教师，着力打造一支素质优秀、能力突出、追求创新的师资培训团队。

三是完善全面有效的思想政治教育教师管理机制。在这里，主要从进一步完善优化思想政治教育教师的选聘机制、培训机制、考评机制、激励机制、流转机制等方面入手，着力加强思想政治教育教师队伍在选聘、任职、发展等关键环节的管理和考核，从理想信念、业务素质、道德品行上严格思想政治教育教师入职选聘标准，守好第一关；严格思想政治教育教师的考核、评价机制，以考促学、以考促教、以考促干，全面实现思想政治教育教师队伍的高质量发展；严格思想政治教育的流转、退出机制，把师德师风放在第一位，坚持知人善用的原则，把思想政治教育教师人才放在适合的工作岗位上。

（四）教师个人努力

前文主要从国家政府层面、全社会层面、学校层面提升思想政治教育教师队伍的地位和作用，但要充分发挥思想政治教育教师的地位和作用，归根结底还源于教师个体的职业理想和奋斗担当。主要从以下几个方面入手。

一是不断夯实自身的马克思主义理论基础。作为思想政治教育教师，需要持续深入学习马克思主义理论，进一步夯实理论功底、提高理论素养，密切关注马克思主义理论在当代的发展，勇于站在知识发展前沿，刻苦钻研、严谨笃学，不断充实、拓展、提升自己。研读马克思主义经典，既是思想政治教育教师不断夯实理论基本功的唯一捷径，也是逐渐提升教学素质的首要前提。理论不彻底，就难以服众。在经典中感受伟人的博大情怀，领略马克思主义理论的科学深邃，夯实自身理论功底，提升个人理论修养，唯有如此，才能将马克思主义理论在课堂中讲清楚、说明白，做到以透彻的理论分析引导学生，以强大的真理力量说服学生，不断提升马克思主义理论教学的吸引力、感染力、说服力，学生也才会从中感受真性情、学到真东西、增强获得感。马克思曾指出，"理论在一个国家实现的程度，总是决定于理论满足这个国家的需要的程度"。❶ 这即是说，理论能否被人信服，取决于它对现实的解释力。因此，在思想政治教育中，理论要贴近现实。从当前思想政治教育教师教学现状来看，理论与现实相脱节的现象有不同程度存在的。部分青年教师照本宣科，忽视理论对现实的观照性。反之，也有部分青年教师只专注"讲故事"，忽视对基本理论的分析阐释。如何处理好"讲理论"与"讲故事"之间的关系，把思政课讲得有吸引力和感染力？我们认为，既要以理服人，也要以情感人。讲故事不是任意发挥，而是要起到契合主题、深化主题的功效。讲理论也要适当地贴近学生的心理发展阶段和特征，多用学生喜闻乐见、接地气的语言，使理论入脑入心。基于此，作为思想政治教育教师，要教到老学到老，不断夯实自身的马克思主义基本理论。

二是持之以恒地开展马克思主义相关研究。求真务实、孜孜不倦地学术研究也是提升教学水平的重要途径。思想政治教育教师只有潜心马克思主义基本理论，注重马克思主义基本理论与当前国内外重大现实问题相结合，加强马克思主义基本理论的现实解释力，

---

❶ 马克思恩格斯选集：第1卷 [M]．北京：人民出版社，2012：11．

不断提升科研能力，才能将学校思政课讲深、讲透，学生才能入心、入脑，在思政课上有获得感。

三是贴近实际，关注关心关爱青年学生。当前，随着社会主义市场经济体制改革全面深入，社会经济成分、利益关系、分配方式及就业方式日益多样化，各种思想文化相互激荡，社会中青年学生的自主意识、竞争意识、民主意识和权利意识逐渐觉醒，导致他们思想活动独立性、选择性、多变性和差异性增强。基于新时代青年学生的鲜明特征和变化，思想政治教育教师也要关注学生的现实特征，充分把握当前"00后"新时代大学生的新特征，了解他们的思想特点、思维方式和现实需要，遵循学生的身心发展特点和成长规律；立足学生的思维方式、内心诉求和语言特点，提高思政课的吸引力和感染力；多采用启发式教学，强调问题意识，引导学生注重理论联系现实，实现思政课的思想性、理论性与时代性、现实性的有机融合，使学生在思政课上真正受益。

第五章　思想政治教育教师的评价与管理

思想政治教育教师队伍建设离不开一定的评价和管理，其改革与创新也是建立在评价和管理之上。思想政治教育教师队伍建设是在总结思想政治教育教师队伍建设经验和教训的基础上，对思想政治教育教师队伍建设的评价、反馈和管理，可以推动思想政治教育教师队伍建设，助力思想政治教育活动的有效开展。

第一节　思想政治教育教师的评价

思想政治教育教师的评价，是指依据一定的评价标准，采用特定的评价方法，对思想政治教育教师的教学活动及其效果进行价值判断的过程。思想政治教育教师的评价是思想政治教育教师队伍建设的重要组成部分，直接影响着思想政治教育教师队伍的建设状况。

一、思想政治教育教师评价的内涵

于漪指出，教师的评价框架由以下三项构成：能力、积极性与工作态度、业绩。评价内容包括：教师对教科书、日常生活、人生道路等方面的指导能力；教师对教育工作的态度和热爱程度；作为教师的责任感等。❶ 作为思想政治教育教师，因其职业的特殊性，其评价主要包括以下方面。

一是思想政治教育教师的业务能力。业务能力是指思想政治教育教师的教育教学水平和管理水平，其高低与否直接关系着思想政治教育教师教学和管理活动的有效开展。一般来讲，思想政治教育教师的业务能力包括教学能力、组织能力、管理能力、总结提升能力等。教师教学能力，是指教师能否根据教学目标要求和学生的基本状况来完成基本的教学任务，使学生有所收获和思考。教师的组织能力是指教师能否根据一定的教学内容来组织实施具体的教学任务，或者根据一定的育人标准组织开展一定的管理活动，引导青年学生树立科学的世界观、人生观和价值观，养成良好的道德品行。教师的管理能力是指思想政治教育教师管理教学、管理学生、管理事务等的能力。教师的总结提高能力是指在一项思想政治教育活动结束后，对其开展过程中存在的问题以及学生的获得感做出及时的、针对性的总结和反思，以期在后面的思想政治教育活动中能够吸取经验、不断提高。

二是思想政治教育教师的考察聘用。思想政治教育教师的考察聘用，主要是指结合一定时期内思想政治教育教师的教学、研究和管理的总体工作情况，按照"政治关""师德关""业务关"等的标准和要求，总结思想政治教育教师是否达到预期的任务和目标要求。首先根据2020年1月16日教育部颁布的《新时代高等学校思想政

---

❶ 于漪. 教育魅力：青年教师成长钥匙[M]. 上海：华东师范大学出版社，2013：25.

治理论课教师队伍建设规定》,"高等学校应当配齐建强思政课专职教师队伍,建设专职为主、专兼结合、数量充足、素质优良的思政课教师队伍。高等学校应当根据全日制在校生总数,严格按照师生比不低于1:350的比例核定专职思政课教师岗位""高等学校应当根据思政课教师工作职责、岗位要求,制定任职资格标准和选聘办法。高等学校可以在与思政课教学内容相关的学科遴选优秀教师进行培训后加入思政课教师队伍,专职从事思政课教学;并可以探索思政课教学的党政管理干部转岗为专职思政课教师,积极推动符合条件的辅导员参与思政课教学,鼓励政治素质过硬的相关学科专家转任思政课教师""高等学校可以实行思政课特聘教师、兼职教师制度。鼓励高等学校统筹地方党政领导干部、企事业单位管理专家、社科理论界专家、各行业先进模范以及高等学校党委书记校长、院(系)党政负责人、名家大师和专业课骨干、日常思想政治教育骨干等讲授思政课。支持高等学校建立两院院士、国有企业领导人等进高校上思政课的长效机制。再根据各个学校对本校教师的具体管理、考察、聘用制度,来评判思想政治教育教师的工作表现。

　　三是思想政治教育教师的综合素质。综合2019年3月18日习近平总书记同学校思想政治理论课教师座谈时提出的"六点"素质要求,2023年9月9日习近平总书记致信全国优秀教师代表提出的"弘扬教育家精神"的重要指示,以及2023年要11月30日教育部颁布的《新时代高校思想政治理论课教师行为规范和准则》提出的十二条准则和要求,可以得出,我们应当从"政治关""师德关""业务关"三大方面狠抓思想政治教育教师队伍的素质建设。

二、思想政治教育教师评价的标准

从宏观上看，思想政治教育教师的评价，主要有以下三大方面的标准。

一是坚持实事求是。思想政治教育教师的评价需要客观、真实、全面地反映思想政治教育教师队伍建设经验和成果，这就要求评价必须从实际出发，真实地反映思想政治教育教师队伍的效果。实事求是的评价原则要求，要以思想政治教育教师队伍具体情况为依托，把握思想政治教育队伍情况，用客观的标准进行比较、鉴别，透过繁杂的现象把握思想政治教育教师队伍的本质，做出符合现实的评价结论。实事求是的评价原则，要体现在具体的评价方法之中。思想政治教育教师队伍评价首先要认清思想政治教育教师队伍的各种现象，并通过去粗取精、去伪存真、由此及彼、由表及里的认知方法，把握思想政治教育教师队伍的本质。然后，才能通过联系具体的教师队伍实际，进行有效的评价。思想政治教育教师队伍不是抽象的形而上学的思辨，而是在特定环境中通过具体活动而开展的。因此，评价一定要考虑其存在的客观环境，如经济环境、政治环境和文化环境及其对思想政治教育教师队伍的影响。

二是坚持系统性。思想政治教育教师队伍的评价是一个包含不同层次、不同类型的系统工程。这一系统需要在各种外在环境中运行。从纵向来看，坚持评价的系统性，就是要坚持思想政治教育教师队伍评价的整体性和层次性。要重视思想政治教育教师队伍的某一部分、某一环节的评价，但层次要服从整体，没有整体就没有层次，就没有系统性。从横向来看，坚持评价的系统性，就是既要坚持不同类型思想政治教育教师评价的连续性，又要坚持思想政治教育教师评价的阶段性，一次评价的结果，不代表评价的完结，而是下次评价活动的开始和为进一步的思想政治教育教师队伍建设做铺垫。只有在可持续性的评价运行中，思想政治教育教师评价才能逐步发展和完善。

三是坚持定性和定量相结合。思想政治教育教师队伍的定性评价，是通过把握评价对象的整体和性质，获得对思想政治教育教师队伍及其建设经验和效果的性质判断。如素质好坏、作用积极或消极、功能正面或负面等。思想政治教育教师的定量评价，是运用量化的形式，通过对评价对象表现出来的一些能够量化的关系进行整理分析，从量上，即范围、程度、数量上，对某一特定评价对象进行判断。如教师队伍数量、教学总量、科研总量、参加会议总量、社会服务数量、兼职情况等进行量化方式的评价。思想政治教育教师队伍评价是定性和定量的有机结合。忽视定性评价，就会模糊方向和目标；没有定量评价，就会使评价抽象和空洞。

三、思想政治教育教师评价的方式

为了能够全面、真实地展现思想政治教育教师队伍建设的总体情况，其评价方式和体系应趋于多元化，主要包括宏观评价与微观评价相结合、显性评价与隐性评价相结合、动态评价与静态评价相结合、阶段性评价与总体性评价相结合、自我评价与他人评价相结合等方式。

一是宏观评价与微观评价相结合。思想政治教育教师的微观评价是指对某一过程或某一环节的思想政治教育教师队伍进行评价，这种评价一般是针对特定的部分或环节进行的，也是思想政治教育教师及其队伍建设中常用的一种评价方式。如：对思想政治教育教师素质的考察，就是要结合对思想政治教育教师的教学、科研和育人等方面的考察，来评价教师的素质优劣。可以说，微观的评价是具体的、阶段性的、定性和定量相结合的评价。思想政治教育教师的宏观评价是对某一历史时期的思想政治教育教师及其队伍建设整体性情况的评价。它的评价对象是思想政治教育教师及其队伍建设的整体效果，这种评价一般是总体的、全面的。如：习近平总书记在同学校思想政治理论课教师座谈时指出："'经师易求，人师难得。'教师承载着传播知识、传播思想、传播真理，塑造灵魂、塑造生命、塑造新人的时代重任。思政课教师，要给学生心灵埋下真善美的种子，引导学生扣好人生第一粒扣子。"❶ 这种期望和评价就是总体性的、方向性的。因此，思想政治教育教师的评价需要宏观评价与微观评价相结合，这既体现出思想政治教育教师评价的方向性，也体现出思想政治教育教师评价的操作性、阶段性。

二是显性评价与隐性评价相结合。思想政治教育教师的评价不仅是对教学、科研和管理等成果的评价，也包括思想政治教育教师师德师风的评价。因此，对思想政治教育教师的评价具有显性和隐性辩证统一的特点。显性的评价着眼于教师队伍的外在表现和成果的评价，隐性评价着眼于教师内在综合素质的评价。我们说，思想政治教育教师队伍的评价是一个综合性的系统，既要根据一定评判标准从具体事物的影响、经验和成果中评价思想政治教育教师队伍，

---

❶ 习近平. 思政课是落实立德树人根本任务的关键课程［N］. 人民日报，2020-09-01.

这是看得见、摸得着的一面，与此同时，也要评价思想政治教育教师的理想信念、道德情操、育人智慧、躬耕态度、仁爱之心、弘道追求等精神境界，这些都是在一次又一次具体的思想政治教育实践活动中不断锤炼、潜移默化中得以形成发展的，具有内在性、隐蔽性。

三是动态评价与静态评价相结合。我们说，思想政治教育教师及其队伍的建设发展既是某一具体的过程，也是多次的、具体的、长期的建设发展过程，因此，评价需要把静态和动态统一起来。思想政治教育教师的静态评价着眼于特定的一段历史时期思想政治教育教师队伍的现状，比如习近平总书记在同学校思想政治理论课教师座谈时指出的"有的地方和学校对思政课重要性认识还不够到位；课堂教学效果还需要提升，教学研究力度需要加大、思路需要拓展；教材内容还不够鲜活，针对性、可读性、实效性有待增强；教师选配和培养工作还存在短板，队伍结构还要优化，整体素质还要提升；体制机制还有待完善，评价和支持体系有待健全，大中小学思政课一体化建设需要深化；民办学校、中外合作办学思政课建设还相对薄弱；各类课程同思政课建设的协同效应还有待增强，教师的教书育人意识和能力还有待提高，学校、家庭、社会协同推动思政课建设的合力没有完全形成，全党全社会关心支持思政课建设的氛围不够浓厚"❶，呈现出目前思想政治教育教师队伍建设的状态及问题。而动态评价则着眼于思想政治教育教师整体队伍的发展趋势。

四是阶段性评价与总体性评价相结合。作为社会中的一个特殊

---

❶ 习近平.思政课是落实立德树人根本任务的关键课程[N].人民日报，2020-09-01.

职业,思想政治教育教师的成长不是一蹴而就的,而是一个循序渐进、螺旋式上升的过程。教师的成长与发展是内在地包含着多种客观的、主观的因素综合作用的结果。因此,我们说,思想政治教育教师的评价也是阶段性评价与总体性评价相结合。一方面,阶段性评价是指对思想政治教育教师队伍成长发展的某一历史阶段的评价,主要聚焦于思想政治教育教师的不同成长阶段,按照年龄来分,主要有青年时期、中年时期、老年时期;按照职称来分,有讲师、副教授、教授等。另一方面,总体性评价是指对思想政治教育教师成长与发展的全面性、整体性、发展性的评价。其中包括思想政治教育教师未来发展方向、思想政治教育教师的功能和作用、思想政治教育教师的精神追求等。

五是自我评价与他人评价相结合。自我评价是思想政治教育教师对自身所从事的思想政治教育活动进行自我价值判断的方法,也叫作思想政治教育教师的自我反省和自我总结。在某一思想政治教育活动结束后,思想政治教育教师根据一定的标准和反馈结果,总结、反思自身思想政治教育活动开展的总体情况,从中总结良好的经验,吸取教训,并在此基础上做出调整,以进一步提高思想政治教育教师的素质和能力。他人评价指的是除了自身之外,通过学生、同事、组织等对思想政治教育教师的教学、科研和管理效果进行评价总结,以期进一步提高。自我评价着眼于自身内心的一种反思、提升,往往不那么客观和全面,再结合他人或组织的评价,使思想政治教育教师的评价更加客观、全面和直接。基于此,自我教育和教育的统一性,决定了自我评价和他人评价的一致性。为了评价更为全面和客观,需要把自我评价和他人评价有机结合。

第二节　思想政治教育教师的管理

在管理学中，管理是管理者根据一定原则和要求，通过一定的方式协调各种关系，有效使用和调整人力、物力、财力等管理资源，实现组织目标的过程。思想政治教育教师管理是推动思想政治教育教师队伍建设的重要途径，其过程是通过一定方式、方法，协调思想政治教育教师队伍建设的各个方面，主要包括思想政治教育教师管理的内涵、内容和方式等。

无规矩不成方圆。在对思想政治教育教师工作总结和评价的基础上，对思想政治教育教师的选聘、培训、素质、激励、考评等运用制度管理、奖惩管理、行政管理、教育管理等方法，对思想政治教育教师队伍进行全面有效的管理。这些是提升新时代思想政治教育教师队伍建设的重要保障。积极建构一套有针对性、行之有效的管理模式和制度体系，对于新时代思想政治教育教师队伍建设和发展至关重要。

一、思想政治教育教师管理的内涵

在管理学中，管理是管理者根据一定的原则和要求，通过一定的方式协调各种关系，有效使用和调整人力、物力、财力等管理资源，实现组织目标的过程。从管理的要素上看，一般包括管理者、管理对象、管理方法和管理结果。管理者是从事管理活动的组织者、引导者和实施者；管理对象是管理活动面向的对象，相对于管理者而言的；管理方法是管理活动中根据一定的管理内容和原则所采取的方式方法；管理结果是管理活动所达到的最终目标和效果。

在现代思想政治教育学中，加强思想政治教育教师队伍的管理是必要且紧迫的。思想政治教育教师的管理是推动思想政治教育教师队伍建设的重要途径，其过程是通过一定方式方法协调思想政治教育教师队伍建设的各个方面和环节，旨在建设一支素质优良、能力突出、追求创新的新时代思想政治教育教师队伍。思想政治教育教师的管理，是指管理者遵循思想政治教育规律和人的身心发展规律，通过一定的措施，对思想政治教育教师的素质、能力、品质等问题进行全面有效的管理，推动思想政治教育教师队伍建设与发展。在这里，思想政治教育教师的管理主要包括管理者、管理对象、管理方法和管理结果。思想政治教育教师的管理者是指对思想政治教育教师组织开展管理活动的主体，包括个体和群体；思想政治教育教师管理对象是指教师本身；思想政治教育教师管理的方法是对教师实施管理的具体措施，包括教育手段、行政手段、经济手段、制度手段、法律手段等。思想政治教育教师的管理结果是指对思想政治教育教师管理的实现目标和效果，一般会从"政治关""业务关""师德关"三方面衡量和评价。

二、思想政治教育教师管理的内容

关于思想政治教育教师管理的内容，主要包括思想政治教育教师的选聘、思想政治教育教师的培训、思想政治教育教师的考评、思想政治教育教师的发展。

一是思想政治教育教师的选聘。选聘是指对人员的选拔和聘用，按照一定的要求和标准组织吸引应聘者并从中选拔、录用所需人员的活动。选聘活动是考评思想政治教育教师的第一道关卡。构建科学合理的选聘制度是有效提升思想政治教育教师素质的坚实基础。首先,应制定思想政治教育教师的合理选聘原则。对于思想政治教育教师的选聘,应本着"心有大我、至诚报国的理想信念",道德情操、育人智慧、躬耕态度、弘道追求相统一的原则,公开公正的原则,宁缺毋滥、择优录取的原则,考核招聘能够胜任的思想政治教育教师。其次,明确思想政治教育教师的选聘标准。如可从习近平总书记指出的政治要强、情怀要深、思维要新、视野要广、自律要严、人格要正的六点要求、教书育人方面的能力和素质以及较强的创新能力等确定选聘标准。再次,完善思想政治教育教师的选聘程序。包括制订思想政治教育教师的选聘计划、发布思想政治教育教师的招聘信息、选拔思想政治教育教师、签订思想政治教育教师的聘用合同等。最后,完善思想政治教育教师的选聘手段。主要包括前期的资料审核、面谈、试讲、心理测试等。

  二是思想政治教育教师的培训。培训是促进思想政治教育教师队伍发展的基本途径。培养和造就大批适应新时代新任务的思想政治教育教师,需要构建科学有效的思想政治教育教师培训体系。首先,确立科学的教育培训体系。可从"政治关""师德关""业务关"三方面确立对思想政治教育教师队伍建设的普遍要求。在思想政治教育教师队伍中,每一个思想政治教育教师的年龄、主要任务、文化程度、素质状况等不尽相同,分层分类地确立教育培训的目标十分必要。对于广大青年教师来说,通过教育培训,能够逐渐成长为政治坚定、理论功底扎实、善于联系实际、具有较高教学科研水平的教师。其次,科学选择教育培训内容。内容设置是否科学,直接影响着思想政治教育教师素质的发展。其主要包括理想信念教育、马克思主义理论教育、思想政治教育理论与方法教育、职业道德教育等。最后，运用科学的教育培训方法。如理论教育法、案例教育法、实践教育法、典型教育法、激励教育法等。

三是思想政治教育教师的考评。通过多种方式，对思想政治教育教师的业务能力、考察聘用、综合素质进行全面性、多元化、立体式的考评，以期充分全面地考察思想政治教育教师的综合表现。

四是思想政治教育教师的发展。从发展的视角，关注思想政治教育教师队伍建设的发展方向、未来趋势及展望。在发展方向方面，因为思想政治教育教师独特的性质和任务，应牢牢把握思想政治教育教师的"理想信念"，不忘初心、牢记使命，具有坚定的政治立场，掌握科学的马克思主义世界观和方法论。在未来趋势方面，紧紧围绕思想政治教育主要矛盾的应对和解答，思想政治教育教师应关注时代发展趋势和任务，全面掌握青年学生的思想实际和心理特点，贴近实际、贴近学生地做好思想政治教育。在未来展望方面，人是第一生产力，思想政治教育教师是思想政治教育发展创新的基础性、关键性因素。任何一个思想政治教育问题的解决，都绕不开教师这一因素。

三、思想政治教育教师管理的方式

管理都是基于一定的方式方法。关于思想政治教育教师的管理方式，主要有制度管理、奖惩管理、行政管理、教育管理和自我管理。

一是制度管理。通过建立健全严而有度、严而可行的制度规则来管理思想政治教育教师队伍。如思想政治教育教师的选聘制度、思想政治教育教师的准入制度、思想政治教育教师的考核制度、思想政治教育教师的行为规范和准则、思想政治教育教师的退休制度等。

二是奖惩管理。通过一定的奖励或者惩罚的方式和手段来管理思想政治教育教师队伍，其中，奖励分为物质奖励和精神奖励，惩罚也分为物质惩罚和精神惩罚。对于在课堂教学或科学研究或管理育人方面表现好的思想政治教育教师应予以一定的荣誉称号和物质奖励。与此同时，对于在课堂教学或科学研究或管理育人方面表现欠佳的思想政治教育教师也应给予一定的警告惩罚。

三是行政管理。通过严格有效的行政方式管理思想政治教育教师队伍建设，其中包括说服教育、纪律处分、制度管理等。当然，在严格执行行政管理和执行纪律的问题上，必须注意防止单纯的惩罚主义倾向，应先防微杜渐，耐心说服教育，防止单凭纪律惩罚，甚至乱用职权，随意处分人。

四是教育管理。通过说理教育、实践活动、管理培训等方式管理思想政治教育教师队伍建设。在这里，需要注意的是，说服教育和纪律惩罚相结合，既要耐心地说服、引导、教育教师，做到以理服人，也要严格行政管理，认真执行纪律，把说理教育和行政管理有机统一起来。

五是自我管理。教育是为了不教育，对于教师队伍亦如此。只有教师能够达到自己管理自己的水准时，管理才能发挥最大的功效。制度管理、奖惩管理、行政管理、教育管理是否能够奏效，关键在于自我管理。每个教师需对标思想政治教育教师的行为准则和要求，向同行中优秀教师代表看齐，进行自我反省和自我管理，以实现自我提升。

第三节　思想政治教育教师评价和管理的创新

创新是实现思想政治教育教师队伍建设发展的关键所在。基于新时代中国社会发展需求和思想政治教育教师队伍总体状况，从建设环境、依托条件和实现路径三个方面进一步思考研究思想政治教育教师队伍评价和管理的创新。

一、思想政治教育教师评价和管理的创新环境

当前，党中央高度关注学校思想政治教育教师队伍建设与发展。习近平总书记在2019年3月18日专门同学校思想政治理论课教师座谈并提出对学校思政课教师的"六点"要求和学校思政课教学的"八个相统一"，与此同时，也提出学校思政课建设存在的困境难题，这些问题的根源以及解决力量主要是思想政治教育教师队伍。2023年9月9日，习近平总书记致信全国优秀教师代表并做出重要指示：全国广大人民教师应大力弘扬"心有大我、至诚报国的理想信念，言为士则、行为世范的道德情操，启智润心、因材施教的育人智慧，勤学笃行、求是创新的躬耕态度，乐教爱生、甘于奉献的仁爱之心，胸怀天下、以文化人的弘道追求"的教育家精神。2023年11月，教育部颁布《新时代高校思想政治理论课教师行为规范和准则》中提出高校思政课教师需严格遵循的二十条行为规范和准则，即"心有大我，坚定政治立场""至诚报国，铸牢理想信念""言为士则，厚植家国情怀""行为世范，涵养道德情操""启智润心，潜心教育教

学""因材施教，提升育人智慧""勤学笃行，弘扬优良学风""求是创新，砥砺躬耕态度""乐教爱生，展现高尚人格""乐于奉献，葆有仁爱之心""胸怀天下，拓展宽广视野""以文化人，坚定弘道追求"。该文件是对教育家精神二十条的展开，既有宏观要求，也关照微观问题，是将教育家精神落实落地，可参照、有操作性的一个文件。2024年3月"两会"又从实现社会主义建设化教育强国、培养拔尖创新人才的战略高度上，提出要塑造一支专业化高质量的教师队伍。除此之外，在实践探索和路径探索中，对学校思想政治教育教师队伍的建设创新也做出了切合实际的顶层设计，即突出顶层设计，完善思政课教师队伍建设规划；突出精准施策，创新思政课教师队伍培养举措；突出教学质量，加强思政课教师教学工作指导；突出协同推进，不断夯实高校思政课教师队伍建设保障等。由此，党中央和政府对营造思想政治教育教师建设、评价和管理的环境日新又新，为助力新时代思想政治教育教师队伍建设创造了良好的社会环境和发展机遇。

二、思想政治教育教师评价和管理的创新条件

聚焦社会主义现代化教育强国建设目标，着眼支撑教育高质量发展的总体要求，坚持中国特色社会主义办学方向，切实做好思想政治教育教师队伍建设的创新工作可从以下方面入手。

一是聚焦时代要求。如前文所述，党中央和政府高度关注专业化高素质创新型教师队伍建设问题。2024年4月1日，教育部在浙江省杭州市召开2024年教师队伍建设工作部署会，落实2024年全国教育工作会议精神，总结教师队伍建设进展成效，分析教师队伍

建设面临的新形势，研讨交流地方和高校典型经验，部署教师队伍建设重点工作。会议指出，推进教育强国建设，教师队伍是最重要的基础工作。2024年是新中国成立75周年，正逢第40个教师节，教师队伍建设面临新形势，应担负起新使命。要深刻学习领会习近平总书记关于教育的重要论述和关于教师队伍建设的系列重要指示批示精神，并将其转化为抓教师队伍工作的高位认识、政策举措、务实行动，在统筹谋划、机制建设、协调统合、宣传推广、督查评估上下功夫，深入推进高素质专业化创新型教师队伍建设。高瞻远瞩的政策部署是助力思想政治教育教师优化评价和管理的重要一环。

二是加强校园管理。从学校层面优化思想政治教育教师评价和管理体系，一要做到重引领，抓好教育家精神弘扬践行，办好第40个教师节宣传庆祝活动。二要做到重机制，在评价和管理方面，着重抓好师德师风建设，完善师德师风长效机制。三要做到重提升，抓好思想政治教育教师培养培训，健全思想政治教育教师培养体系，提高思想政治教育教师的整体素质，提升思想政治教育教师的创新水平，实施数字化赋能思想政治教育教师发展行动。四要做到重改革，抓好思想政治教育教师队伍治理优化，优化思想政治教育教师资源配置，推进思想政治教育教师管理综合改革。五要做到重优待，抓好思想政治教育教师待遇保障，研究制定思想政治教育教师优待政策，提升思想政治教育教师待遇，保障思想政治教育教师权益，增强广大思想政治教育教师职业荣誉感、幸福感、获得感。

三是强化自我教育。自我教育是推动思想政治教育教师队伍进一步优化评价和管理的基础条件。最好的教育莫过于自我教育。思想政治教育教师应以新时代教育家精神为引领，对标思想政治教育教师的行为规范和标准要求，坚持以学生为本，加强自我反省、自我评价和自我管理。

三、思想政治教育教师评价和管理的创新路径

全面奏效的创新路径是进一步提升思想政治教育教师评价和管理水平的重要因素。立足中国特色社会主义新时代背景，牢牢把握新时代特征，从人本式、过程式、协同式、多元化、创新式等方面实现思想政治教育教师评价和管理的创新。

一是人本式。思想政治教育，归根结底是做人的思想工作。思想政治教育教师的评价和管理也是基于教师这一主体的全面表现和主观需求，因此，思想政治教育教师队伍评价和管理要坚持人本式，关注教师的内在精神世界，尊重教师的人格尊严，关心教师的工资待遇和生活福利，关爱教师的身心健康和全面成长，因时、因地、因事、因人地全面综合评价和管理思想政治教育教师队伍。

二是过程式。过程式评价和管理是助力思想政治教育教师队伍建设的有效路径。过程式评价和管理是指注重思想政治教育教师的日常表现、全面表现、综合表现，循序渐进地对思想政治教育教师提出更高、更新的要求，以彰显思想政治教育教师评价和管理的客观性、可靠性和全面性。

三是协同式。在这里，协同式指的是思想政治教育教师评价和管理的内容、方式等协同进行。一方面是内容上。协同式思想政治教育教师的评价和管理注重从"政治关""师德关""业务关"三大方面来系统考察思想政治教育教师队伍，即从政治素养、道德品质、业务能力三大方面综合考察思想政治教育教师队伍水平。另一方面是方式上。思想政治教育教师的评价方式注重宏观评价与微观评价

相结合、显性评价与隐性评价相结合、动态评价与静态评价相结合、阶段性评价与总体性评价相结合、自我评价与他人评价相结合等方式；思想政治教育教师的管理方式注重制度管理、奖惩管理、行政管理、教育管理和自我管理等协同，以期对以往思想政治教育教师队伍建设的经验成果批判式继承，全面考察当下思想政治教育教师队伍建设现状，思想政治教育教师队伍建设应及时吸取以往建设经验和教训，以求进一步丰富和完善。

四是多元化。综合考察思想政治教育教师的教学质量、科研成果、学生培养、社会服务等多个维度，以全面性、多元化评估思想政治教育教师的工作表现和业务贡献。与此同时，全面完善思想政治教育教师的管理体制，从岗位聘任、职称评审和培训发展等角度全面提升思想政治教育教师队伍的专业素养和教学能力。

五是创新式。所谓创新式的思想政治教育教师评价和管理是指引导思想政治教育教师创新意识和创新能力的培养，旨在提升思想政治教育教师的教学质量和育人成果，构建一支高素质、专业化的思想政治教育教师队伍。总之，要给予思想政治教育教师队伍一定的自由度和空间感，引导思想政治教育教师敢于、善于创新教学方法和内容，对有突出创新成果的思想政治教育教师应给予表彰、树立典型。

结语：做新时代优秀的思想政治教育教师

毛泽东认为："教改的问题，主要是教员问题。"❶ 在强国建设、民族复兴的新时代，思想政治教育教师承担着给学生心灵埋下真善美的种子，引导学生扣好人生第一粒扣子的重要职责，是新时代青年才子健康成长、全面发展的基础保障。思想政治教育教师，要满足教育对象成长成才的需求和期待，既要遵循教育规律、思想政治工作规律和教育对象的身心发展规律，也要"因事而化、因时而进、因势而新"，通过树立坚定的立场和理想信念、夯实深厚的专业知识和理论素养、养成良好的教育教学能力、胸怀强烈的事业心和责任感、持续不断地自我学习提升、培养创新意识和能力、练就良好的心理素质和人际沟通能力、关爱学生的个性化发展等，以高度的责任感和使命感，为培养德智体美劳全面发展的社会主义建设者和接班人贡献力量。具体有以下几个方面。

一是坚定政治立场和理想信念。习近平总书记在同学校思想政治理论课教师座谈时明确指出，思政课教师"政治要强"，让有信仰的人讲信仰。思想政治教育教师最重要的是坚定的马克思主义者，

---

❶ 建国以来毛泽东文稿：第11册[M].北京：中央文献出版社，1996：97.

忠诚于中国共产党的领导，坚持社会主义核心价值观，用马克思主义世界观和方法论引导学生、教育学生。因为对马克思主义的信仰、对中国特色社会主义的信念、对实现中华民族伟大复兴的信心，只有在思想政治教育教师心中扎下根，才能在学生心中开花结果。思想政治教育本身是以理服人的教育活动。思想政治教育教师应当坚持历史与逻辑、理论与实践、个性与共性相统一的原则学习、掌握和运用理论。即是说，思想政治教育教师要先"有理"，通过学习掌握理论，更要"讲理"，把系统化、理论化的理论知识以生动活泼的生活道理呈现给教育对象，引导教育对象学以致用，促进教育对象持续形成与社会发展要求相一致的思想政治素质和科学理论水平。

二是夯实深厚的专业知识和理论素养。习近平总书记指出："要认真学习马克思主义理论，这是我们做好一切工作的看家本领。"❶思想政治教育教师首先要有扎实的马克思主义理论基础，重视阅读马克思主义经典著作，掌握马克思主义的思想精髓和科学方法，回应和解决思想政治教育活动中的重大理论和现实问题，与此同时，也通过阅读马克思主义经典著作形成自身科学的世界观、人生观、价值观，持续提升开展思想政治教育的能力和水平。其次，熟知中国特色社会主义理论体系。中国特色社会主义理论是改革开放以来历届中国共产党领导核心带领中国人民在进行社会主义改革、建设过程中日益形成和发展的理论体系，是指导坚定不移走中国特色社会主义道路的指导思想，是马克思主义基本原理同中国具体的社会主义改革和建设事业相结合的理论创新成果，是指导新时代中国特色社会主义赓续发展的思想指南。思想政治教育教师需要在阅读党

---

❶ 习近平谈治国理政：第1卷［M］.北京：人民出版社，2018：404.

史、新中国史、改革开放史的过程中，结合改革开放以来中国社会在经济、政治、文化、社会、生态、党的领导、国防外交既得成就和先进经验的基础上，深入领会中国特色社会主义理论体系的深刻内涵和思想精髓，以坚定中国特色社会主义建设的"四个自信"。最后，了解国内外形势和政策法规，能够准确解读时事政治，为青年学生提供科学的分析和指导。理论的生命力，就在于对现实问题的解释力。思想政治教育教师应坚持历史和逻辑、理论和实践相统一，以自己所处时代的历史境遇和社会环境来解读经典理论，运用科学理论回应、解答现实问题以及在坚持马克思主义基本原理的基础上，以更加宽广的视野、更长远的眼光来思考和把握思想政治教育与教育对象面临的一系列现实问题，不断提升自身理论知识素养和分析解决问题的能力。

三是养成良好的教育教学能力。良好的教育教学能力是思想政治教育教师的基本业务能力。作为新时代的思想政治教育教师应当不断提高自身的业务能力素质和专业技能，及时掌握教育教学方法和技术，能够运用案例教学、讨论式教学、互动式教学等多种教学手段，激发青年学生的兴趣，提高其思想政治素质，真正做到在学习实践中加强教育教学能力。

四是胸怀强烈的事业心和责任感。帕克·帕尔默认为："如果你对教学满腔热忱——这样敬业的教师千千万万——那么摆脱教学困境的唯一途径就是对教学了然于胸。面对教学中乱麻似的难解疑团，我们必须迎难而上，而非畏难躲避，唯此才能理清头绪，从容应对，从而不仅是守卫自己的心灵，更是呵护学生的心灵。"[1] 强烈的事业

---

[1] 帕克·帕尔默. 教学勇气：漫步教师心灵（20周年纪念版）[M]. 方彤，译. 上海：华东师范大学出版社，2020：30.

心和责任心是新时代思想政治教育教师的必备素质。作为思想政治教育教师，要对马克思主义理论教育事业充满热情，关心关注关爱青年学生的成长和全面发展，坚持以身作则，做青年学生的良师益友。

五是持续不断地自我学习提升。持续不断地学习提升，是指新时代的教育形势和学生群体不断变化，思想政治教育教师需要不断学习新知识、新理念、新技术，提升自身的教育教学水平和科研能力。教学和科研是相辅相成、彼此促进的。教学引导科研，科研支撑教学。思想政治教育教师要按照"思维要新""视野要广"的要求，坚持教学与科研两手抓两手硬，以科研成果反哺课堂教学，形成教学科研良性互动。

六是培养创新意识和能力。培养思想政治教育教师的创新意识和能力，旨在引导鼓励思想政治教育教师在教学内容、教学方法、教学手段上进行创新，结合当代青年学生的实际情况，开展丰富多彩的思想政治教育实践活动。与此同时，思想政治教育教师也要关注学生的现实特征，充分把握当前青年学生的新特征，了解他们的思想特点、思维方式和现实需要，遵循学生的身心发展特点和成长规律；专题教学要立足于学生的思维方式、内心诉求和语言特点，提高思政课的吸引力和感染力；多采用启发式教学，强调问题意识，引导学生注重理论联系实际，实现思政课的思想性、理论性与时代性、现实性的有机融合，使学生在思政课上真正受益。这些都是创新的关键。

七是练就良好的心理素质和人际沟通能力。思想政治教育教师应具备健康的心理状态和良好的情绪管理能力，能够与学生建立和谐的师生关系，有效沟通和解决青年学生的思想问题和困惑。

八是关注关爱学生的个性化发展。思想政治教育教师在具体的一个又一个的思想政治教育活动中,尊重青年学生的个性差异,因材施教,关注关心每一个青年学生的全面发展,帮助他们形成科学的世界观、人生观和价值观。

综上所述,思想政治教育教师必须立足中国特色社会主义新时代这一历史方位,适应时代发展要求,满足教育对象成长成才的期待,持续提升自身的思想政治素质和教书育人素质,并将其转化为从事思想政治教育活动的综合素养,在思想政治教育活动中逐渐成长为新时代优秀的思想政治教育者。

参考文献

（一）专著

[1] 李耳. 道德经 [M]. 邱岳, 注评. 北京：金盾出版社, 2009.

[2] 夸美纽斯. 大教学论 [M]. 傅任敢, 译. 北京：教育科学出版社, 1999.

[3] B. A. 苏霍姆林斯基. 给教师的建议 [M]. 杜殿坤, 译. 北京：教育科学出版社, 1984.

[4] 董宝良. 陶行知教育论著选 [M]. 北京：人民教育出版社, 2015.

[5] 陈东原. 中国教育史：上册 [M]. 福州：福建教育出版社, 2009.

[6] 陈永明. 现代教师论 [M]. 上海：上海教育出版社, 1999.

[7] 怀特海. 教育的目的 [M]. 庄莲平, 王立中, 译注. 上海：文汇出版社, 2012.

[8] 朱熹. 四书章句集注 [M]. 北京：中华书局, 2011.

[9] 福禄培尔. 人的教育 [M]. 孙祖复, 译. 北京：人民教育出版社, 1991.

[10] 凯兴斯泰纳教育论著选 [M]. 郑惠卿, 选译. 北京：人民教育出版社, 2003.

[11] 帕克·帕尔默. 教学勇气：漫步教师心灵（20周年纪念版）[M]. 方彤, 译. 上海：华东师范大学出版社, 2020.

[12] 路易斯·拉思斯. 价值与教学 [M]. 谭松贤, 译. 杭州：浙江教育出版社, 2003.

[13] 巴班斯基. 教学教育过程最优化 [M]. 吴文侃, 译. 北京：教育科学出

版社, 2001.

[14] 罗素. 罗素论教育 [M]. 杨汉麟, 译. 北京: 人民教育出版社, 2009.

[15] 梁启超. 饮冰室合集: 专集之四 [M]. 北京: 中华书局, 1989.

[16] 高平叔. 蔡元培教育论著选 [M]. 北京: 人民教育出版社, 2017.

[17] 学记 [M]. 高时良, 译注. 北京: 人民教育出版社, 2016.

[18] 毛泽东 周恩来 刘少奇 邓小平论教育 [M]. 北京: 人民教育出版社, 1994.

[19] 王凌浩. 杜威教育名著导读 [M]. 长春: 吉林文史出版社, 2016.

[20] 沈壮海. 新编思想政治教育学原理 [M]. 北京: 中国人民大学出版社, 2022.

[21] 马克思恩格斯全集: 第16卷 [M]. 北京: 人民出版社, 1964.

[22] 马克思恩格斯全集: 第22卷 [M]. 北京: 人民出版社, 1965.

[23] 马克思恩格斯文集: 第1卷 [M]. 北京: 人民出版社, 2009.

[24] 中共中央马恩列斯著作编译局马列部, 教育部社会科学研究与思想政治工作司. 马克思主义经典著作选读 [M]. 北京: 人民出版社, 1999.

[25] 列宁全集: 第31卷 [M]. 北京: 人民出版社, 1959.

[26] 习近平谈治国理政: 第3卷 [M]. 北京: 外文出版社, 2020.

[27] 习近平总书记教育重要论述讲义 [M]. 北京: 高等教育出版社, 2020.

[28] 习近平总书记系列重要讲话读本 [M]. 北京: 学习出版社, 人民出版社, 2016.

[29] 中共中央文献研究室. 习近平关于社会主义文化建设论述摘编 [M]. 北京: 中央文献出版社, 2017.

[30] 陈万柏, 张耀灿. 思想政治教育学原理 [M]. 2版. 北京: 高等教育出版社, 2007.

[31] 陈秉公. 思想政治教育学原理 [M]. 北京: 高等教育出版社, 2006.

[32] 张耀灿. 思想政治教育学科建设研究 [M]. 北京: 中国人民大学出版社, 2017.

［33］周之良. 思想政治教育探微［M］. 北京：中国人民大学出版社，2017.

［34］秦宣. 分化与整合：社会转型期的思想政治教育研究［M］. 北京：中国人民大学出版社，2017.

［35］张澍军. 思想政治教育理论基础纵横［M］. 北京：人民出版社，2016.

［36］孙其昂. 思想政治教育学前沿研究［M］. 北京：人民出版社，2013.

［37］冯刚. 思想政治教育学学科发展新论域［M］. 广州：中山大学出版社，2022.

［38］王学俭. 现代思想政治教育前沿问题研究［M］. 北京：人民出版社，2008.

［39］《思想政治教育学原理》编写组. 思想政治教育学原理［M］. 2版. 北京：高等教育出版社，2018.

［40］古希腊教育论著选［M］. 北京：人民教育出版社，2007.

［41］骆郁廷. 思想政治教育原理与方法［M］. 北京：北京师范大学出版社，2019.

［42］张国启. 思想政治教育学原理［M］. 北京：中国社会科学出版社，2019.

［43］卢景昆. 高校思想政治理论课教师素养提升研究［M］. 北京：人民出版社，2019.

（二）文件

［1］教育部关于印发《高等学校思想政治理论课建设标准（2021年本）》的通知［EB/OL］.（2021-11-30）［2024-5-21］. 中国政府网. https：//www.gov.cn/zhengce/zhengceku/2021-12/18/content_5661767.htm.

［2］中办印发《意见》加强新时代马克思主义学院建设［N］. 江苏工人报，2021-9-22.

［3］中共中央 国务院印发《关于新时代加强和改进思想政治工作的意见》［EB/OL］.（2021-07-12）［2024-5-21］. 中国政府网. https：//www.gov.cn/zhengce/2021-07/12/content_5624392.htm.

[4] 新时代高等学校思想政治理论课教师队伍建设规定[EB/OL].(2020-1-16)[2024-5-21].中国政府网.https：//www.gov.cn/gongbao/content/2020/content_5509718.htm?ivk_sa=1024320u.

[5] 中共中央宣传部 教育部关于印发《新时代学校思想政治理论课改革创新实施方案》的通知[EB/OL].(2020-12-22)[2024-5-21].中国教育部.http：//www.moe.gov.cn/srcsite/A26/jcj_kcjcgh/202012/t20201231_508361.html.

[6] 教育部等八部门关于加快构建高校思想政治工作体系的意见[EB/OL].(2020-4-22)[2024-5-21].中国政府网.https：//www.gov.cn/zhengce/zhengceku/2020-05/15/content_5511831.htm.

[7] 教育部印发《普通高等学校思想政治理论课教师队伍培养规划（2019—2023年）》[EB/OL].(2019-5-5)[2024-5-21].中国政府网.https：//www.csdp.edu.cn/article/4869.html.

[8] 中共中央办公厅 国务院办公厅印发《关于深化新时代学校思想政治理论课改革创新的若干意见》[EB/OL].(2019-8-14)[2024-5-21].中国政府网.https：//www.gov.cn/zhengce/2019-08/14/content_5421252.htm.

[9] 教育部等五部门印发《关于加强新时代中小学思想政治理论课教师队伍建设的意见》的通知[EB/OL].(2019-9-18)[2024-5-21].中国政府网.https：//www.gov.cn/zhengce/zhengceku/2019-09/18/content_5457638.htm.

[10] 教育部党组印发《"新时代高校思想政治理理课创优行动"工作方案》[EB/OL].(2019-9-17)[2024-5-21].人民网.http：//edu.people.com.cn/BIG5/n1/2019/0917/c1053-31357138.html.

[11] 关于加强和改进新时代师德师风建设的实施意见[EB/OL].(2021-8-30)[2024-5-21].陕西科技大学.http：//dwjs.www.sust.edu.cn/info/1009/1243.htm.

[12] 教育部关于印发《新时代高校思想政治理论课教学工作基本要求》的通知[EB/OL].(2018-4-13)[2024-5-21].中国教育部.http：//www.moe.gov.cn/srcsite/A13/moe_772/201804/t20180424_334099.html.

[13] 《高校思想政治理论课教师队伍建设专项工作总体方案》[EB/OL]. (2020-5-11) [2024-5-21]. 广东海洋大学. https：//nxy. gdou. edu. cn/info/1224/2419. htm.

[14] 中共中央、国务院关于全面深化新时代 教师队伍建设改革的意见 [EB/OL]. (2021-9-17) [2024-5-21]. 南京中医药大学. https：//jwc. njucm. edu. cn/2021/0917/c3911a86917/page. htm.

[15] 中共中央、国务院印发《关于加强和改进新形势下高校思想政治工作的意见》[EB/OL]. (2017-2-17) [2024-5-21]. 中国政府网. https：//www. gov. cn/zhengce/2017-02/27/content_5182502. htm.

[16] 中共教育部党组关于印发《高校思想政治工作质量提升工程实施纲要》的通知 [EB/OL]. (2017-12-5) [2024-5-21]. 中国教育部. http：//www. moe. gov. cn/srcsite/A12/s7060/201712/t20171206_320698. html.

[17] 中央宣传部、教育部关于印发《普通高校思想政治理论课建设体系创新计划》的通知 [EB/OL]. (2015-8-25) [2024-5-21]. 陕西省教育厅. http：//jyt. shaanxi. gov. cn/news/gongweiwenjian/201508/25/9680. html.

[18] 中共中央、国务院印发《质量强国建设纲要》[EB/OL]. (2023-2-7) [2024-5-21]. 凤凰网. https：//finance. ifeng. com/c/8NCBmfdVcwj.

[19] 关于普通高等学校"两课"课程设置的规定及其实施工作的意见 [EB/OL]. (1998-6-10) [2024-5-21]. 百度文库. https：//wenku. baidu. com/view/625bbcff2a160b4e767f5acfa1c7aa00b52a9de6. html? fr=sogou.

[20] 中宣部、教育部关于印发《〈中宣部 教育部关于进一步加强和改进高等学校思想政治理论课的意见〉实施方案》的通知 [EB/OL]. (2005-3-9) [2024-5-21]. 中国教育部. http：//www. moe. gov. cn/jyb_xxgk/gk_gbgg/moe_0/moe_495/moe_991/tnull_10140. html.

[21] 中共中央宣传部 教育部关于进一步加强高等学校思想政治理论课教师队伍建设的意见 [EB/OL]. (2008-9-23) [2024-5-21]. 中国教育部. http：//www. moe. gov. cn/s78/A13/s7061/201410/t20141021_178938. html.

［22］新时代公民道德建设实施纲要［EB/OL］.（2022-3-24）[2024-5-21］. 中共玉溪市纪律检查委员会. http：//www.yxlz.gov.cn/wmcj/67885.jhtml？eqid=898051cb00009321000000264354ee7.

［23］中共中央、国务院印发《中国教育现代化2035》［EB/OL］.（2019-2-23）［2024-5-21］. 中国政府网. https：//www.gov.cn/zhengce/2019-02/23/content_5367987.htm.

（三）期刊论文

［1］刘占祥，胡凯. 传播学视阈下的高校思想政治教育教师主体地位初探［J］. 贵州师范大学学报：社会科学版，2009（6）.

［2］刘德定. 对高校思想政治理论课教师教学风格若干问题的思考［J］. 教育与职业，2010（14）.

［3］曲士英. 对高职院校思想政治理论课教师素质的深层思考［J］. 黑龙江高教研究，2006（11）.

［4］饶世权. 发达国家高校思想政治工作教师的职业形象及其启示［J］. 西南大学学报：社会科学版，2009（4）.

［5］李克荣，张俊桥. 高等学校"形势与政策"课教师队伍规范化建设的思考［J］. 思想理论教育导刊，2012（9）.

［6］孙琳. 高校辅导员与思想政治理论课教师的有机协同：以培育和践行社会主义核心价值观为视角［J］. 湖北社会科学，2017（2）.

［7］谭群英，何会宁. 高校辅导员与思政课教师队伍的融合建设探讨［J］. 学校党建与思想教育，2012（34）.

［8］秦宣. 高校教师必须自觉承担起对大学生进行思想政治教育的重任［J］. 教学与研究，2004（11）.

［9］曾朝夕. 高校教师思想政治教育绩效管理的定量评价指标研究［J］. 思想理论教育导刊，2016（11）.

［10］胡琦. 高校青年教师思想政治状况调查及思考［J］. 国家教育行政学院

学报，2009（8）.

[11] 于安龙. 高校思想政治理论课教师的角色失调与调适：基于角色理论的研究视角［J］. 思想政治教育研究，2021（3）.

[12] 黄元全. 高校思想政治理论课教师角色意识探析［J］. 思想理论教育导刊，2010（4）.

[13] 陈鸿雁，文龙，曹大生. 高校思想政治理论课教师胜任力模型构建［J］. 河北师范大学学报：教育科学版，2010（2）.

[14] 张凤云. 高校思想政治理论课实践教学创新模式探析：以许昌学院"思想政治教育导师制"为例［J］. 学校党建与思想教育，2012（15）.

[15] 李建东，彭宗祥. 高校网络思想政治教育队伍建设研究［J］. 中国成人教育，2007（17）.

[16] 黄丹凤. 高校学生思想政治教育教师职称评价的实然发展与应然追求：以上海为例［J］. 思想理论教育，2017（7）.

[17] 潘新喆. 高校优秀思想政治理论教师素质养成［J］. 山西财经大学学报，2023（S1）.

[18] 马成瑶，蔡金淋. 关于辅导员与思想政治理论课教师两支队伍协同工作的若干思考［J］. 思想理论教育，2017（7）.

[19] 张杰，何建忠，柴林等. 关于进一步加强高校辅导员队伍建设的认识［J］. 陕西师范大学学报：哲学社会科学版，2007（7）.

[20] 袁本文，张治银. 关于提升思想政治理论课教师科研能力的思考［J］. 学校党建与思想教育，2019（11）.

[21] 余双好. 关于整体推进思想政治理论课教师和辅导员队伍发展的思考［J］. 学校党建与思想教育，2017（23）.

[22] 谢惠媛，李艳婷. 混合教学模式下思想政治理论课教师的分流与发展［J］. 国家教育行政学院学报，2016（3）.

[23] 余双好. 积极推动思想政治理论课教师的专业化发展［J］. 思想理论教育，2009（3）.

[24] 苏博,李博飞,王志刚. 加强高校青年教师思想政治教育的路径探析 [J]. 学校党建与思想教育,2015(20).

[25] 刘美珣. 教师是思想政治理论课教育创新的主体 [J]. 清华大学学报:哲学社会科学版,2006(S2).

[26] 董杰. 论新时期思想政治理论课教师队伍建设 [J]. 清华大学学报:哲学社会科学版,2006(S2).

[27] 钟学敏. 论新时期思政理论课教师的职业素养 [J]. 求实,2014(S1).

[28] 刘世华. 试论思想政治理论课教师的基本条件 [J]. 思想理论教育导刊,2008(12).

[29] 冯羽,王芳,伻康. 新媒体背景下政治理论课教师素养的提升 [J]. 教学与管理,2013(15).

[30] 曲建武,张晓丹. 着力建设好高校思想政治教育教师队伍 [J]. 中国大学教学,2022(4).

[31] 赵扬. 专业技术职务评聘机制:辅导员队伍专业化发展的助推器:高校思想政治教育教师专业技术职务评聘机制研究 [J]. 思想理论教育,2008(11).

[32] 童曼. 增强高校思想政治理论课教师魅力略议 [J]. 学校党建与思想教育,2012(24).

[33] 刘书林. 高质量思政课建设的四个突出问题 [J]. 马克思主义与现实,2021(3).

[34] 刘建军. 论新时代办好思政课的信心之源 [J]. 国家教育行政学院学报,2021(3).

[35] 沈壮海. 办好思政课的根本遵循:写在习近平总书记主持召开学校思想政治理论课教师座谈会两周年之际 [J]. 国家教育行政学院学报,2021(1).

[36] 齐鹏飞. 办好思想政治理论课关键在教师:学习党的十八大以来习近平关于思想政治理论课教师队伍建设的重要论述 [J]. 教学与研究,2020(11).

［37］严蔚刚．习近平"坚持把教师队伍建设作为基础工作"重要论述的战略思维［J］．东北师大学报：哲学社会科学版，2020（5）．

［38］陈秉公．"学习习近平总书记在学校思想政治理论课教师座谈会上的重要讲话"笔谈［J］．福建师范大学学报：哲学社会科学版，2019（4）．

［39］康沛竹，艾四林．建设高素质思政课教师队伍［J］．中国高校社会科学，2019（3）．

［40］王树荫．高校思政课教师"政治要强"［J］．中国高校社会科学，2019（3）．

［41］王炳林．努力做一名受学生欢迎的思政课好老师［J］．北京师范大学学报：社会科学版，2015（1）．

［42］佘双好，张琪如．习近平总书记在学校思想政治理论课教师座谈会重要讲话研究透析［J］．学校党建与思想教育，2020（5）．

［43］曲建武．做一名政治强的思政课教师［J］．思想教育研究，2020（9）．

［44］冯秀军．新时代高校思政课教师队伍建设难点及其突破［J］．国家教育行政学院学报，2021（1）．

［45］牟蕾，王占仁．新时代加强思政课教师自身建设论析：对习近平在学校思想政治理论课教师座谈会上重要讲话精神的思考［J］．贵州民族研究，2019（10）．

［46］米华全，徐岩．青年思政课教师队伍建设的现实困境与应对策略［J］．学校党建与思想教育，2022（12）．

［47］甘艳．新时代高校思政课教师队伍建设的历程、经验与启示［J］．湖北社会科学，2021（8）．

［48］梅萍，韩静文．建党百年来高校思政课教师队伍建设的历程、经验与启示［J］．大学教育科学，2022（4）．

［49］张馨艺．新中国成立以来高校思政课教师队伍建设的价值逻辑［J］．学校党建与思想教育，2022（13）．

［50］金松，李正军，章绍麟．大中小学思政课教师队伍一体化建设研究［J］．学校党建与思想教育，2023（12）．

[51] 闵德美. "大思政课"视域的思政教师队伍优化[J]. 中学政治教学参考, 2022 (22).

[52] 何玉海. 新时代思政课教师培养体制改革创新的思考[J]. 东北师大学报:哲学社会科学版, 2022 (6).

[53] 封莎. 在学史传薪中涵养思政课教师政治素养[J]. 中国高等教育, 2023 (8).

[54] 罗广, 郭国祥, 冯秋珍. 以社会实践研修为抓手提升思政课教师讲道理的能力[J]. 学校党建与思想教育, 2023 (9).

(四) 硕博论文

[1] 薄艳玲. 高师生教师职业认同研究:以广西师范大学思想政治教育专业为例[D]. 桂林:广西师范大学, 2005.

[2] 肖番. 高校网络思想政治教育教师主体能力提升研究[D]. 绵阳:西南科技大学, 2023.

[3] 陈曼. 高校专业课教师思想政治教育角色塑造研究[D]. 长沙:湖南大学, 2013.

[4] 牛奋明. 高中思想政治教育课研究性学习中教师指导之探析[D]. 呼和浩特:内蒙古师范大学, 2004.

[5] 张凯. 黑龙江省委党校教师思想政治教育制度建设研究[D]. 哈尔滨:哈尔滨工程大学, 2019.

[6] 于建波. 新课改背景下西北师范大学教师教育课程内容选择:以思想政治教育专业为例[D]. 兰州:西北师范大学, 2011.

[7] 李梦瑶. 新时代云南高师院校思想政治教育专业教师团队建设研究[D]. 昆明:云南师范大学, 2020.

[8] 杨旭. 中学思想政治教育"卓越教师"培养研究[D]. 洛阳:洛阳师范学院, 2016.